JN028293

監修　佐藤孝之

著者　佐藤孝之
宮原一郎
天野清文

吉川弘文館［発売］
天野出版工房［発行］

はじめに

本書は、江戸時代の古文書を解読するための入門書です。ここでユニークなのは、文法によって用字・用語を分類し、文章の読み方を学ぶための導入にした点です。

さて、江戸時代の古文書を読んでいると、「候（そうろう）」という文字が頻繁に登場します。例えば、

「相加り候者有レ之候哉、御吟味被レ遊候所」（相加わり候者これあり候や、御吟味遊ばされ候ところ →〈一揆に〉加わった者がいるのか、お取り調べをされましたが）

と、この短い文章のなかにも「候」が三つ出てきます。江戸時代の古文書の文章が「候文（そうろうぶん）」といわれる所以です。この「候」は、文法的には補助動詞に含まれます。補助動詞について本書では「他の動詞の後に続いて、その意味を補う働きをする付属的な動詞で、それ自体意味を持ちません」と説明されています。ただし、それ自体意味はなくても、「候」があることによって、文章にリズムを与えているように感じられるのではないでしょうか。ともあれ、江戸時代の古文書の解読には、まずはこの「候文」に慣れることが必定です。

そして、「候文」で書かれた文章には、例えば次のような表現が多用されています。

「乍レ恐以二書付一奉二願上一候」（恐れながら書付を以って願い上げ奉り候 →恐れ多いことですが、書面によってお願いいたします）

「被二仰付一被二下置一候ハ、」（仰せ付けられ下し置かれ候わば　↓お命じなさって下さるならば）よくみられる定型的な表現ですが、読むのには返り点がたくさん必要で、とっつきにくいかも知れません。本書では「乍」「以」「奉」「被」「成」などをどのように読めばよいか、文法的に解説し、具体的な文例を掲げて、理解が深まるように構成されています。

もう一つ例を挙げてみましょう。古文書に頻出する「為」という字ですが、

①「なす」「なる」＝動詞
②「ため」＝形式名詞
③「す・さす・しむ／たり」＝助動詞（使役・完了・尊敬／断定）
④「として」＝連語

このように、本書では文法的に四つに分けて説明しています。文法的な違いが分ると、「候文」を理解する上に大いに役立つのではないでしょうか。

本書は、古典文法の学習を目的としたものではありません。あくまで江戸時代の古文書を読むためのヒントを、文法という観点から説明したものです。文法を確かめながら、「候文」に親しみ、古文書の解読に挑戦してみましょう。

二〇二二年十二月

佐藤孝之

目次

凡例

第二章　付属語……一六三

凡例

1, 本書は、江戸時代の古文書に現れるさまざまな語彙を、文語文法によって分類し、その語彙の読み方や現代語訳などを解説した近世文書読解のための入門書である。

2, 見出し語は、漢字については原則常用漢字とし、読み仮名は文語の旧仮名遣いを現代仮名遣いに直して掲載した。（たまふ〈給ふ〉→たまう、ちやうじ〈停止〉→ちょうじ）

3, 収録した語彙には、可能な範囲でその語の用例となる文例を、地方文書を中心に渉猟し掲載した。また、文例には返り点を付して返読文字などを読み易くした。なお、変体仮名のうち助詞として用いられる者（は）・江（え）・茂（も）など、また漢文の助辞が跡をとどめたと思われる与（と）・而（て）などは、原則として字母漢字を用い、小字で右に寄せた。

4, 文例の次にカッコ内に、その文例の読み方と現代語訳を付した。見出し語に複数の語義・用法が考えられる場合は、可能な範囲でそれぞれの意味を含む文例を収録した。ただし、現代語訳は一例を示すもので、文脈により訳し方も文意も変わることがあり、その点に留意されたい。

第一章　自立語

文章の最小単位である単語には固有の働きがあり、その働きにより、単独で文節を構成できる「**自立語**」と、自立語の前後に付いてある意味を添えたりする「**付属語**」とに分類できます。たとえば、「御相談被仰越候（御相談仰せ越され候）」という文章を単語に分解すると、「御」「相談」「被」「仰越」「候」となります。「相談（名詞）」「仰越（複合動詞）」「候（補助動詞）」の三つが自立語で、はじめの「御」は「接頭語」といい付属語の仲間です。次の「被」は終止形で「る」「らる」と読み、受身・尊敬の意の「助動詞」で、これも付属語です。本章では、まず自立語のうち「**用言**」から解説します。

(一) 用　言

「**用言**」は、単語を文法上の性質から分類したものの一つで、自立語のうち活用があるものをいいます。一般に「**動詞**」「**形容詞**」「**形容動詞**」の三品詞に細分されます。本節では、これに加え、物事の動作・作用・状態などを表す動詞の本来の意味を失い、助動詞のように前の語を補助したり、ある意味を添えたりする「**補助動詞**」についても紹介します。

（Ⅰ）動　詞

「**動詞**」は、物事の動作・作用・状態などを表す語です。活用のある自立語で、文中において単独で述語になります。その言い切りの形は、一般にウ段の音で終わります。たとえば、「書く」（四段活用）、「去ぬ」（ナ行変格活用）、「落つ」（上二段活用）などです。ただし、「有り・居り」などラ行変格活用の語に限り、「り」とイ段の音で終わります。

①　頻出する動詞

まず、江戸時代の古文書に頻出する基本的な動詞を紹介します。

【有・在】（あり）

口語では「ある」で、物事の出現・存在・生存が認められることです。～がある、～がいる、～が存在する、という意味で、「有」「在」とも同様に用いられます。江戸時代の古文書の場合、多くは漢文の助辞的用法の「之」が「有・在」の下に置かれ、「有レ之」「在レ之」と用いられます。
また、「有・在」の前に接頭語の「罷」が付いて「罷有」「罷在」となり、謙譲の意を表します。

【文例】

「追而思召茂**可**レ**有**レ**之**候間」（追って思し召しもこれあるべく候あいだ ↓近々お気持ちも示されますので）

「如何様之事**在**レ**之**候而茂」（いかようのことこれあり候ても ↓どのようなことがあっても）

「当村永明寺江入寺、相慎**罷有**候」（当村永明寺へ入寺、相慎み罷り有り候 ↓当村の永明寺へ駆け込み、謹慎しています）

「身上不如意ニ罷成、難儀 仕 **罷在**候」（身上不如意に罷り成り、難儀仕り罷り在り候 ↓暮らし向きが行き詰まり、困難な状態です）

「若**有**二違犯之族一者」（もし違犯の族あらば ↓もし法を犯すものがいたら）

「手過ニ相違御座**有間敷**義与奉レ存候」（手過ちに相違ござ有るまじき義と存じ奉り候 ↓過失に間違いはないことと存じます）

「奉レ願候通被レ為二仰付一被二下置一候ハヽ、**難**レ**有**可レ奉レ存候」（願い奉り候通り仰せ付けさせられ下し置かれ候わば、有り難く存じ奉るべく候 ↓お願いした通りにお命じくだされたならば、うれしく思います）

【承】（うけたまわる／うく）

a．「うけたまわる」と読み、動詞「受く（受ける）」「聞く」の謙譲語です。上位者から物や命令などを謹んでお受けする、謹んで承知する、謹んでお聞きする、伺う、などの意。「及レ承」は「うけたまわりおよぶ」と読み、聞き及ぶ、拝聴する、の意。

【文例】

「先達而相詰、御用承」(先達(さきだ)って相詰め、御用承り ↓前もって〈会所に〉待機し、御用をお受けし)

「両人より彼之地之模様段々承候」(両人より彼の地の模様段々承り候 ↓二人からその地の様子をいろいろお聞きしました)

「先規之様子、此度委ク承候処」(先規の様子、この度(たび)くわしく承り候ところ ↓以前の様子を、今度詳しく伺ったところ)

「少々御不快之様及レ承候所」(少々ご不快のよう承り及び候ところ ↓少し体調がすぐれないようにお聞きしましたが)

b.「うく」とも読み、「承合(うけあう/うけたまわりあう)」(話をうけたまわる、聞き合わせる)、「承届(うけとどく/うけたまわりとどく)」(承諾する、聞き入れる)、「承糺(うけただす/うけたまわりただす)」(糾明する、穿鑿する)等の複合動詞を作ります。

【文例】

「最寄仲間江承合可二取計一」(最寄り仲間へ承(う)け合(あ)い取り計らうべし ↓近くの仲間に聞き合わせ

処理しなさい）

「百姓共願之通、一々**承届**ヶ候」（百姓ども願いの通り、一々承け届け候 →百姓たちの願いのとおり、一つひとつ聞き入れます）

「右一件、扱人立入始末**承糺**候所」（右一件、扱人立ち入り始末承け（承り）糺し候ところ →右の一件に、仲裁者が入って事情を糾明したところ）

【仰】（おおす）

「言う」の尊敬語で、おっしゃる、命じる、言い付ける、などの意です。とくに、領主や役人などの上位者の命令に関わる場合が多く、「仰上」「仰出」「仰聞」「仰下」「仰越」「仰達」「仰付」「仰渡」などの複合動詞を作ります。ほとんどの場合、尊敬の助動詞「被」が付き、「被仰付」などと用いられます。

【文例】

【**仰上**】**おおせあぐ**（お申し上げになる）

「御主人江委曲**被仰上**」（御主人へ委曲仰せ上げられ →ご主人へ詳細をお申し上げになり）

【**仰出**】**おおせいだす**（おっしゃる、お申し付けになる）〇「被仰出」は、幕府・藩などからの命令

「今般吃度御簡略**被仰出**」（今般きっと御簡略仰せ出だされ →この度厳しく倹約を命じられ）

【仰聞】おおせきかす／おおせきける（お聞かせになる）○「言い聞かせる」の尊敬語
「**被㆓仰聞㆒**候趣、承知仕候」（仰せ聞かされ／仰せ聞けられ候趣、承知仕り候　↓お聞かせになった趣旨は承知致しました）

【仰下】おおせくだす（ご命令される、お言い付けになる）○「言い下す」の尊敬語
「差構申義無㆑之候哉と御尋**被㆓仰下㆒**」（差構い申す義これなき候やとお尋ね仰せ下され　↓支障はないのかと尋問なされ）

【仰越】おおせこす（申して来る、言ってよこす）○「言い越す」の尊敬語
「右之旨、従㆓御老中㆒**被㆓仰越㆒**候ニ付」（右の旨、御老中より仰せ越され候につき　↓右のことを、ご老中より言ってきましたので）

【仰達】おおせたっす（おっしゃってよこす）○上位者の言葉が、下位者のもとに届く意
「**被㆓仰達㆒**被㆑下候様ニ」（仰せ達せられ下され候ように　↓おっしゃってくださいますように）

【仰付】おおせつく（申し付ける、命令する）
「村内之者入牢**被㆓仰付㆒**候節」（村内の者入牢仰せ付けられ候節　↓村内の者に入牢を命じられた時）

【仰渡】おおせわたす（命令する、申し渡す）○「被㆓仰渡㆒」は、幕府・藩などからの命令・申し渡し
「酒造之儀者不㆑苦旨**被㆓仰渡㆒**、一同承知奉㆑畏候」（酒造の儀は苦しからざる旨仰せ渡され、

一同承知畏（かしこ）み奉り候　↓酒造は差し支えないと命じられ、一同謹んで承知しました）

【聞】（きく／きこゆ／きこす／きかす／きける）

a.「きく」は、承知する、尋ねる、聞き入れるなどの意。「聞合（ききあわす）」「聞入（ききいる）」「聞出（ききだす）」「聞届（ききとどく）」「聞済（ききすむ／ききすます）」などの複合動詞を作ります。

【文例】

「村内近村迄も**聞合**」（村内近村までも聞き合わせ　↓村内や近村までも問い尋ねて）

「合力之義、貴殿江御頼申候処御**聞入**」（合力（ごうりき）の義、貴殿へ御頼み申し候ところ御聞き入れ　↓援助について、あなたへお頼みしたところご了解になり）

「右之段御**聞置**可レ被レ下候」（右の段お聞き置き下さるべく候　↓右のことを承知していてください）

「早々押掛、御答者如何哉抔**聞出し**」（早々押し掛け、御答えはいかがや抔（など）聞き出し　↓早々に押し掛けて、返答はどうしたのかなどと探り出し）

「右之趣御**聞届**、役義（儀）御赦免被二成下一候ハヽ」（右の趣（おもむき）御聞き届け、役儀御赦免成し下され候（そうら）わば　↓右の趣旨をご承諾下され、役目をお許し下されるならば）

「願之通り御**聞済**被二成下一候ハヽ、一同難レ有仕合奉レ存候」（願いの通りお聞き済み成し下され候わば、一同有り難き仕合（しあ）わせに存じ奉り候　↓願いの通り了承なさって下されば、一同とても

幸運に思います）

「相詫申候得共、一円**聞済**不レ申候」（相詫び申し候えども、一円聞き済まし申さず候 →お詫びをしましたが、まったく聞き入れません）

b.「きこゆ」は、聞こえる、耳に入る、という意味だけではなく、「風評や噂に聞く」という文脈の中でしばしば用いられます。

【文例】

「若相背、後日**相聞**候ハヽ、越度可二申附一候事」（もし相背き、後日相聞え候わば、越度申し附くべく候こと →もし違反して、後日に露見したならば、罪科を申し付ける）

「賊徒及二乱妨一、屯集罷在候趣**相聞**候間」（賊徒乱妨に及び、屯集罷り在り候趣、相聞え候あいだ →賊徒が乱暴を働き、集結していると〈噂に〉聞いたので）

「於二**相聞ル**ニ一ハ、糺之上急度可レ及二沙汰一候」（相聞ゆるにおいては、糺しの上きっと沙汰に及ぶべく候 →耳に入った場合には、糾明して厳しい処置に及ぶ）

c.「きこす」は、「言う」の尊敬語で、お聞きになる、おっしゃるの意。これに「召（食）」が付いて「聞召（食）」となり、「聞き入れる」の尊敬語で、お聞きになる。お聞き入れになる、お思いになる、お許しになる、などの意。「被レ為二聞召分一」「被レ為二聞召訳一」「被レ為レ訳二聞召一」はすべて「きこしめしわけさせられ」と読みます。

【文例】

「先祖代々御当家江忠節之儀、兼々被レ及二**聞召**一候」（先祖代々御当家へ忠節の儀、かねがね聞(きこ)し召し及ばれ候　→先祖代々ご当家へ忠節のことは、以前からお聞き入れいただいています）

「御憐愍を以**被**レ**為**二**聞召分**一、難レ有仕合二奉レ存候」（御憐愍(れんびん/れんみん)をもって聞こし召し分けさせられ、有り難き仕合(しあ)わせに存じ奉り候　→お情けでお聞き届け下さって、ありがたく感謝します）

「右之通**被**レ**為**二**聞召訳**一、御証文被レ為二下置一候」（右の通り聞こし召し訳(わけ)させられ、御証文下し置かせられ候　→右の通りお聞き入れなられて、ご証文をくださいました）

d.「きかす」は、人に言って聞かせるの意。上に使役の助動詞「為(す(せ))」が付き、「為レ聞(きかせ(さす))」「為二読聞一(よみきかせ)」などとも用いられます。

【文例】

「召仕等迄入レ念**為**二**申聞**一」（召仕(めしつか)い等まで念を入れ申し聞かせ　→召仕いなどまでもよくよく言い聞かせ）

「法令之趣呑込候様ニ、能々**可**二**申聞**一候事」（法令の趣(おもむき)呑み込み候ように、よくよく申し聞かす

べく候こと　↓法令の趣旨を理解するように、十分に言い聞かせること）

「村中之者**為**ニ**読聞**一、厳蜜〈密〉ニ可ニ相守一候事」（村中の者読み聞かせ、厳密に相守るべく候こと
↓村中の者に読んで聞かせ、厳重に守りなさい）

e．「きける」は、「聞く」の尊敬語で「言い聞かせる」の意。「仰聞（おおせきける）」は「言い聞かせる」の尊敬語です。

【文例】

「此旨、小前末々迄**申聞**ケ置」（この旨、小前末々まで申し聞け置き　↓この趣旨を、小前百姓全員に言い聞かせおいて）

「差支無レ之相勤候様**被**ニ**仰聞**一」（差し支（さ）え（つか）これなく相（あい）勤め候よう仰せ聞けられ　↓支障なく勤めるように言い聞かされ）

【下】（くだす）

尊敬・受身の助動詞「被」が付き、「被レ下（くださる）」で「与える」「くれる」の意の尊敬語、または、上位者から「下賜される」「与えられる」というところから、「もらう」の意の謙譲語となります。

尊敬語の場合、お与えになる、お下しになる、（人などを）およこしになる、くださるなどの意。

謙譲語では、いただく、頂戴する、などの意です。なお、上位者からいただいた頂戴物や拝領品を「被レ下物（くだされもの）」といいます。

【文例】

「御扶持方七人扶持宛**被**ニ**下置**一候」（御扶持方七人扶持宛（ずつ）下し置かれ候　↓ご扶持方を七人扶持ずつ与えられました）

「新規ニ御建立**被**ニ**成下**一候」（新規に御建立（こんりゅう）成し下され候　↓新たにご建立なされました）

「夏冬之仕着等迄**被**レ**下**候趣、承知仕候」（夏冬の仕着せ（しきせ）等まで下され候趣（おもむき）、承知仕り候　↓夏冬のお仕着せ〈衣服〉などまで頂けるとのこと、承知しました）

「近来御大名様方厳敷御倹約ニ而、**被**レ**下**候物等相減」（近来（きんらい）御大名様方厳しき御倹約にて、下され候物等相減（あいへ）り　↓近ごろお大名様がたは厳しく倹約され、拝領する物などが減り）

【**存**】（ぞんず）

聞き手に対して、あらたまった気持ちを込めていう時に用いる謙譲語で、「考ふ」「思ふ」などの謙譲語。また、「知る」「心得る」などの謙譲語でもあります。「存付（ぞんじつく）」（思いつく）、「存詰（ぞんじつむ）」（思いつめる）などの語彙を作ります。

【文例】

「御訴訟可㆓申上㆒と**存**候処ニ」（御訴訟申し上ぐべきと存じ候ところに　↓ご訴訟しようと考えていたところに）

「誠ニ気之毒ニも**被**㆑**存**候ニ付」（誠に気の毒にも存ぜられ候につき　↓とても気の毒に思われるので）

「不筋之儀と**乍**㆑**存**、一旦約諾いたし」（不筋の儀と存じながら、一旦約諾いたし　↓不正なことと知りながら、一旦は契約し）

「難㆑有仕合ニ**奉**㆑**存**候」（有り難き仕合（しあ）わせに存じ奉り候　↓幸運に思います）

「早速御聞被㆑下、**忝存**候」（早速お聞き下され、忝（かたじけな）く存じ候　↓早速ご承知下され、ありがたく思います）

「何様之曲事を被㆓仰付㆒候共、御うらみと**存間敷**候」（いかようの曲事（くせごと）を仰せ付けられ候とも、おうらみ（恨）と存ずまじく候　↓どのような処分を命じられても、恨みには思いません）

「今更**存付**候哉」（今更存じ付き候や　↓今になって思い付いたのか）

「可㆑及㆓餓死㆒与一途に**存詰**」（餓死に及ぶべきと一途（いちず）に存じ詰め　↓餓死してしまうとひたすら思いつめ）

【給】（たぶ）

動詞「食ふ」「飲む」などの謙譲語で、食べる、酒を飲む、タバコを吸う、乳を飲む、などの意で用いられます。「給物」は「たべもの」と読みます。

【文例】

「食事等も相応ニ給被レ申候」（食事等も相応に給べ申され候　↓食事などもそれなりにお食べになりました）

「酒を給、酔申候」（酒を給べ、酔い申し候　↓酒を飲み、酔いました）

「煙草給、煮焼致し」（煙草給べ、煮焼致し　↓煙草を吸い、〈食物を〉煮たり焼いたりし）

「最早乳も給不レ申、手を離候」（もはや乳も給べ申さず、手を離れ候　↓すでに乳も飲まず、手もかかりません）

【給・賜】（たまう・たまわる）

動詞「与ふ」「授く」の尊敬語で、お与えになる、下さるの意。また、「受く」「もらふ」の謙譲語で、いただく、頂戴するの意です。（↓補助動詞 p.52）

【文例】

「煎茶沢山給候」（煎茶たくさん給い候　↓煎茶をたくさん頂戴しました）

「金百疋充及ヒ酒肴ヲ賜ヒ」（金百疋充及び酒肴を賜い　↓金百疋ずつと酒肴を下さり）

「蝦夷地に於て地所賜り候ハヽ」（蝦夷地において地所賜り候わば　↓蝦夷地に土地をお与えに

なるならば）

【仕】（つかまつる）

「する」「おこなう」の謙譲語です。～いたします、の意。「不レ仕（つかまつらず）」は、～しない、「不レ可レ仕（つかまつるべからず）」は、～してはならない。「仕間敷（つかまつるまじく）」は、～しない／～してはいけない、となります。

【文例】

「右之者、去極月中家出**仕**候ニ付」（右の者、去る極月（ごくげつ）中家出（いえで）仕り候につき　↓右の者は、去年十二月中に家出をしたので）

「酒造**仕度**、及二掛合一候処」（酒造仕りたく、掛合（かけあい）に及び候ところ　↓酒造りをしたく、交渉したところ）

「度々異見**仕**候得共、得心**不**レ**仕**候ニ付」（度々異見（いけん）仕り候えども、得心仕らず候につき　↓何度も忠告しましたが、納得しませんので）

「御休泊御用御差支無レ之相続**可**レ**仕**奉レ存候」（御休泊御用御差し支えこれなく相続仕るべく存じ奉り候　↓ご休泊の御用を支障なく続けてまいろうと存じます）

「博奕・賭之諸勝負幷三笠附堅御停止候条、一切**不**レ**可**レ**仕**候」（博奕・賭の諸勝負ならびに三笠附堅く御停止に候条（じょう）、一切仕るべからず候　↓博奕・賭之諸勝負ならびに三笠附は、厳重に禁止で

あるので、いっさいしてはならない）

「都而御法度筋之儀**仕間敷**候」（都て御法度筋の儀仕るまじく候　↓すべて禁止されたことには関わってはならない／関わりません）

「三町四方之所、稼山ニ**為**レ**仕間敷**候」（三町四方の所、稼山に仕らすまじく候　↓三町四方の場所は、稼山にさせてはならない／させません）

【成・為】（なす・なる）

「なす」は、する、おこなう、仕上げるの意を表わし、「なる」は、達する、至るの意を表します。上に助動詞「被」が付くと、「被レ成」「被レ為」で尊敬の意となります。「成下」は、命令を下すの意で、尊敬の助動詞「被」が付き「被ニ成下一」となると、命令などお下しになられ、命じてくださっての意。（↓「為」形式名詞p.80／助動詞p.168／連語p.232）

【文例】

「公儀御役人御見分之上、御取締**被**レ**成**候」（公儀御役人御見分の上、御取り締まり成され候　↓幕府の役人が調査のうえ、お取り締まりをなさいました）

「此状一同御封印**可**レ**被**レ**成**候」（この状一同御封印成さるべく候　↓この廻状に全員で封印をなさってください）

「当年之御年貢半減ニ**被**二**成下**一候間」（当年の御年貢半減に成し下され候あいだ　↓本年のお年貢を半分に減らして下さったので）

「当壱ヶ年拝借之義、御聞届**被**二**為下**一候様奉二願上一候」（当壱ヶ年拝借の義、御聞き届け為(な)し下され候よう願い上げ奉り候　↓今年一か年拝借する件を、ご承諾くださいますようお願い申し上げます）

「御免除**被**二**成下置**一候様奉二願上一候」（御免除成し下し置かれ候よう願い上げ奉り候　↓免除してくださいますようお願い申し上げます）

「我ヵ政府も今日迄何等の抗議も**為**ヲ不レ得」（我が政府も今日まで何らの抗議も為(な)すを得ず　↓我が政府も今日まで何らの抗議をすることもなく）

「所払以上御仕置ニ**成**候分」（所払い以上御仕置(おしおき)に成り候分　↓所払い以上の処罰を受けた人数）

「村預ヶ等ニ**相成**候ものも有レ之哉」（村預け等に相成り候ものもこれあるや　↓村預けなどに処された者もいるのか）

「商売を始候義者、決而**不**二**相成**一事ニ候」（商売を始め候義は、決して相成らざることに候　↓商売を始めることは、絶対にならないことである）

「戊之年御給所ニ**罷成**候節」（戊(いぬ)の年御給所に罷(まか)り成り候節　↓戊の年に知行所になった時）

【申】（もうす）

a. 上位者などに実情を述べる意で、「言う」「告げる」の謙譲語です。否定の場合は助動詞「まじ」が付いて「申間敷候（もうすまじくそうろう）」などとなります。（↓補助動詞 p.52）

【文例】

「書面之地所ニ付、彼是**申**者決而無二御座一候」（書面の地所につき、彼是（かれこれ）申す者決してござなく候　↓書面の地所について、あれこれ言う者はけっしておりません）

「松平修理太夫家来之由**申**候得共」（松平修理太夫家来の由申し候（そうら）えども　↓松平修理太夫の家来と言っていますが）

「役所江難二訴出一品ハ、御目付江密ニ**可**レ**申**候」（役所へ訴え出で難（がた）き品は、御目付へ密かに申すべく候　↓役所へ訴え出ることが難しい場合は、お目付へこっそり言いなさい）

「御　公儀様御法度之義者**不**レ**及**レ**申**」（御公儀様御法度の義は申すに及ばず　↓公儀の法度については言うまでもなく）

「其節故障**申間敷**候」（その節故障申すまじく候　↓そのときに不服は言いません）

b. 多く「申――」の形で語彙を作り、謙譲語となります。たとえば、「言い諭す」の謙譲語は「申し諭す」、「言い張る」の謙譲語は「申し張る」となります。

【文例】

［**申上**］**もうしあぐ**（申し上げる）○「奉二申上一（もうしあげたてまつり）」は、より丁寧な表現。

「御役所江以二書付一**申上**候」（御役所へ書付（かきつけ）をもって申し上げ候　↓お役所へ書面にて申し上げます）

「名主・組頭・百姓代一同**奉**二**申上**一候」（名主・組頭・百姓代一同申し上げ奉り候　↓名主・組頭・百姓代一同が申し上げます）

［**申合**］**もうしあわす**（相談する、打ち合わせる）

「郷中惣百姓**申合**」（郷中惣百姓申し合わせ　↓村中のすべての百姓が相談し）

「一同**申合**、不埒等無レ之様仕」（一同申し合わせ、不埒（ふらち）等これなきよう仕り　↓一同で取り決めて、不法などがないようにし）

［**申請・申受**］**もうしうく**（お願いし許可を受ける、頂戴する）○「申請」は「もうしこう」とも。

「右直段ヲ以拙者**申請**候」（右直段（ねだん）をもって拙者（せっしゃ）申し請け候　↓右の値段で私が許可を得ました）

「聞人ゟ（より）廿四文ツヽ、**申受**度旨、同町市五郎願出」（聞人より廿四文ヅツ申し受けたき旨、同町市五郎願い出で　↓〈講談を催し〉聴衆から二十四文ずつ〈料金を〉頂戴したいと、同町の市五郎が願い出て）

【申掛・申懸】 **もうしかく**（言いがかりをつける）

「彼是難渋**申掛**」（彼是（かれこれ）難渋申し掛け　↓あれこれと難しいことを言って）

「人足共江不筋之儀**申掛**候儀者有レ之間敷事ニ候」（人足どもへ不筋の儀申し掛け候儀はこれあるまじきことに候　↓人足たちへ違法な言いがかりを言うことはあってはならないことです）

「故障・難渋**申懸**候ハヽ」（故障・難渋申し懸け候わば　↓不満や難かしいことを言うならば）

「悪口・雑言ヲ**被**二**申懸**一候ニ付」（悪口（あっこう）・雑言（ぞうごん）を申し懸けられ候につき　↓悪口・雑言を言われたので）

【申聞】 **もうしきける、もうしきかす**（①言い聞かせる／②告げ知らせる）

①（言い聞かせる）

「古来之通り可レ然与、御**申被**二**聞ケ**一候」（古来の通り然るべきと、御申し聞けられ候　↓従来どおりでよろしいと、言い聞かされました）

「小前・末々迄不レ洩様**可**二**申聞**一候」（小前・末々まで洩れざるよう申し聞かすべく候　↓小前や末々の者に至るまで全員にわたって言い聞かせるように）

「立入ゟ能々**申聞セ**」（立入りより能々（よくよく）申し聞かせ　↓仲裁人から十分に言い聞かせ）

②（告げ知らせる）

「其段惣代之者江**申聞**、可二申立一」（その段惣代の者へ申し聞かせ、申し立つべし　↓そのことを惣代の者へ告げて、〈その上で〉訴え出なさい）

「一同承知之趣**申聞**候間」（一同承知の趣（おもむき）申し聞かせ候あいだ　→一同が承知とのことを知らせたので）

〔**申越**〕**もうしこす**（伝え知らせる、言ってくる、手紙などをよこす）

「早速在所江**申越**候処」（早速在所へ申し越し候ところ　→すぐに在所へ伝えたところ）

「奉行共より**申越**候付而」（奉行どもより申し越し候について　→奉行達から言ってきたので）

「一筆**申越**候」（一筆申し越し候　→お手紙を差し上げます）

〔**申諭**〕**もうしさとす**（言い聞かせる、説得する）

「小前・末々迄**可**二**申諭**一候」（小前（こまえ）末々（すえずえ）まで申し諭すべく候　→小前や末々の者まで説得しなさい）

「勧農之趣意深切ニ**申諭**」（勧農の趣意親切に申し諭し　→勧農の趣旨を熱心に言い聞かせ）

〔**申立**〕**もうしたつ**（取り立てて申しあげる、強調して言う）

「村役人我意を以**申立**」（村役人我意をもって申し立て　→村役人が自分勝手に意見を主張し）

〔**申達**〕**もうしたっす**（通達する、文書で命令を下す、知らせる）

「五人組ゟ名主方江**申達**」（五人組より名主方へ申し達し　→五人組より名主に知らせ）

「右之段**申達**候、能々可二相心得一候」（右の段申し達し候、よくよく相心得（う）べく候　→右のことを通達する。十分に承知しなさい）

〔**申談**〕**もうしだんず**（話し合う、談判する、申し入れる）

「双方江利害**申談**候所」（双方へ利害申し談じ候ところ　↓双方へ説諭を申し入れたところ）

「下役之者江**申談**候者」（下役の者へ申し談じ候は　↓下役の者へ談判して言うには）

［**申遣**］**もうしつかわす**（告げ知らせる）

「奉行共へも**申遣**候条」（奉行どもへも申し遣わし候条　↓奉行たちへも通知したので）

「一書**申遣**候」（一書申し遣わし候　↓お手紙を差し上げます）

［**申付**］**もうしつく**（命じる）

「急度**可**ニ**申付**一候」（きっと申し付くべく候　↓厳しく命じます／厳重に命じなさい）

「最早農事時節ニもなれ者、一先ツ帰村**申付**候」（もはや農事時節にもなれば、ひとまず帰村申し付け候　↓すでに農作業の時節にもなるので、まずは帰村を命じる）

［**申募**］**もうしつのる**（言い張る、主張する）

「不法而已**申募り**居候間」（不法のみ申し募り居り候あいだ　↓理不尽な事ばかり主張するので）

「万一彼是我意ヲ**申募**差縺候節」（万一彼是我意を申し募り差し縺れ候節　↓もしあれこれと我儘を言い張り話がこじれたとき）

［**申成**］**もうしなす**（ことさら言う、わざと言う）

「及ニ餓死ニ一候様ニ**申成**候」（餓死に及び候ように申し成し候　↓餓死してしまうようにことさらに言い立てました）

【申張】もうしはる（言い張る、主張する）

「右躰法外而已**申張**」（右躰(みぎてい)法外のみ申し張り　↓右のように法外なことばかり言い張り）

【申開】もうしひらく（弁明する、釈明する、言い訳をする）

「可㆓**申開**㆒様無㆓御座㆒、寺社方江取縋り御歎申上候」（申し開くべきようござなく、寺社方へ取り縋(すが)りお歎き申し上げ候　↓釈明すべき手段もなく、寺社を頼って歎願しました）

【申触】もうしふらす・もうしふる（言い広める、噂を流す、広く言い渡す）

「猥ニ勅命抔与**申触し**」（みだりに勅命抔(など)と申し触らし　↓やたらに勅命などと言い広めて）

「兼而如㆓**申触**候㆒」（兼ねて申し触れ候ごとく　↓以前に言い渡したように）

【申渡】もうしわたす（言い渡す、命じる）

「右之条々堅相守候様ニ、町中江**可**㆑**被**㆓**申渡**㆒候」（右の条々堅く相守り候ように、町中へ申し渡さるべく候　↓右の箇条をしっかり守るように、町中へ命じなさい）

② 下から返る動詞（返読文字）

漢文体で書かれた文章を日本語でどう理解しながら読み進めるかという事が一つの大きな課題でした。そこで、漢文を訓読する方法が古くから行われていて、法則のようなものができました。

日本語では、始めに「主語（S＝Subject）」が来て、次に「目的語（O＝Object）」、その後に「動詞（V＝Verb）」などが続きます。つまり、S↓O↓Vとなります。英語などではこれがS↓V↓Oとなります。さて、中国語（漢語）ではどうでしょう。ほぼ英語などと同様に、S↓V↓Oとなり目的語の前に動詞が来ます。したがって、Oを読んでからVへ返るわけです。下の言葉から上の言葉に返るとき、その上の漢字を「**返読文字**」（返り読み表現）と言いますが、ここでは、古文書に頻出する「下から返る動詞」について字例を挙げます。（↓助動詞の返読文字p.164）

【致】（いたす）

主に動作を表わす体言（名詞）の上に付き「〜する」の意味です。

【文例】

「三郎兵衛跡式**致**ニ**相続**一」（三郎兵衛跡式（あとしき）相続致し　↓三郎兵衛が家督を相続し）

「右社地ニ而**致**ニ**興行**一候由ニ付」（右社地にて興行致し候由（よし）につき　↓右の神社の境内で興行を実施するとのことなので）

「常々麁服**致**ニ**着用**一」（常々麁服（そふく）を着用致し　↓いつも粗末な衣類を身に着け）

「先御代官衆先例を**被**レ**致**ニ**吟味**一」（先（さきの）御代官衆先例を吟味致され　↓前任の代官たちの先例を調べられ）

【得】（う）

物事など体言（名詞）の上に付いて、手に入れるの意。または、理解する、了承する、の意。

【文例】

「**得**㆓**其意**㆒候」（その意を得候　→納得しました／承知しました）

「急廻状を以**得**㆓**御意**㆒候」（急ぎ廻状をもって御意を得候　→急ぎ廻状にてお尋ねします）

「**不**㆑**得**㆓**止事**㆒牛二而運送仕度」（止む事を得ず牛にて運送仕りたく　→やむをえず牛で運送したく）

「**得**㆓**快気**㆒候事も難㆑計」（快気を得候ことも計り難し　→全快するかわかりません）

【及】（およぶ）

「及㆓出訴㆒」「及㆓内済㆒」「及㆓見聞㆒」など体言（名詞）の上に付いて、達する、至るの意を表します。また、叶う、可能である、必要であるの意にも用いられます。

【文例】

「享保年中**及**㆓**出訴**㆒、御裁許被㆓成下㆒候」（享保年中出訴に及び、御裁許成し下され候　→享保年中に訴訟を起こし、裁許が下されました）

「**及**㆓**内済**㆒候上者」（内済に及び候うえは　→示談に至ったからには）

「悪事等**及**二**見聞**一候ハヽ、早速其段御訴可二申上一」（悪事等見聞きに及び候わば、早速その段御訴え申し上ぐべし　↓悪事などを見たり聞いたりしたならば、すぐにそのことを報告しなさい）

「挨拶**及**二**延引ニ**一候得共」（挨拶延引に及び候えども　↓挨拶が遅れてしまったけれども）

「魚簗稼仕度、隣村**及**二**懸合**一候所」（魚簗稼ぎ仕りたく、隣村懸合に及び候ところ　↓魚簗稼ぎをしたいと、隣村に交渉したところ）

「末々之もの**可**レ**及**二**迷惑**一候間」（末々のもの迷惑に及ぶべく候あいだ　↓末々の者が困惑するだろうから）

「寺領百姓共、御領分之もの与**及**二**出入**一候節者」（寺領百姓ども、御領分のものと出入に及び候節は　↓寺領の百姓たちが、ご領分の者と争いに至った時は）

「文通を以**及**二**問合ニ**一候」（文通をもって問い合わせに及び候　↓書面にて照会します）

「**及**二**御聴**一候」（御聴きに及び候　↓お耳に達しています）

「村中一同**及**二**難渋**一候」（村中一同難渋に及び候　↓村中全員が難渋するに至りました）

「**及**二**暮ニ**一候ハヽ」（暮に及び候わば　↓夕暮れになったら）

「竹木者**不**レ**及**レ**申**、枝葉成共一切伐採申間敷候」（竹木は申すに及ばず、枝・葉なりとも一切伐り採り申すまじく候　↓竹木は言うまでもなく、枝・葉であっても決して伐採してはなりません）

「最寄村々者**不**レ**及**二**申上**一」（最寄り村々は申し上ぐるに及ばず　↓近隣の村々は言うまでもなく）

【期】（きす・ごす）

体言（名詞）の上に付いて、期限を定める、期待する、決意する、約束する、などの意で用いられます。書翰などの慣用句として、「期二面上之節一（めんじょうのせつをごし）」（対面の時を期待し）、「期二後音之時一（こういんのときをごし）」（次の手紙を約束して）などの表現があります。

【文例】

「猶、**期**二**永日之時**一候」（なお、永日（えいじつ）の時を期し候　→なお、春の日永にお会いしましょう）

「余事尚**期**二**来陽**一可二申承一候」（余事なお来陽を期し申し承るべく候　→この他は来春お会いした折にお話しを伺いましょう）

「**期**二**貴面**一候節、万事可二申上一候」（貴面を期し候節、万事申し上ぐべく候　→お目にかかった時に、いろいろお話し申し上げます）

【蒙】（こうむる）

神仏や目上の人から、ある行為や恩恵などを受けるの意、また、災禍や罪など好ましくないものを身に受けるの意を表します。

【文例】

「武蔵・上野両国勧化**蒙**ニ**御免**一、修覆出来候」（武蔵・上野両国勧化御免を蒙り、修復出来候 →武蔵・上野両国での勧化の許可をいただき、修復することができました）

「大坂御城代**被**レ**蒙**レ**仰**候」（大坂御城代仰せを蒙られ候 →大坂城代就任の命令を受けられました）

「心得方之義、宜レ**蒙**ニ**御沙汰**一」（心得方の義、宜しく御沙汰を蒙るべし →心得方について、よろしく指示をいただきたい）

「於ニ御関所一**蒙**ニ**御咎メ**一、奉ニ恐入一候」（御関所においてお咎めを蒙り、恐れ入り奉り候 →関所で叱責を受け、恐縮しています）

「於レ致ニ違背一者、**可**レ**蒙**ニ**梵天・帝釈・四大天王、惣**而**日本国中大小神祇御罰**一**者也**」（違背致すにおいては、梵天・帝釈・四大天王、惣じて日本国中大小神祇御罰を蒙るべきものなり →違反した場合には、梵天・帝釈・四大天王、すべての日本国中大小神祇の罰を受けることになる）

【遂】（とぐ）

成しとおす、成就する、遂行する、の意で用いられます。

【文例】

「別而心付**可**レ**遂**ニ**吟味**一候」（別して心付け吟味を遂ぐべく候 →とくに心を配って取り調べをしなさい）

「双方名主同道仕罷出、**可**レ**遂**二**対決**一候」（双方名主同道仕り罷り出で、対決を遂ぐべく候 ↓〈訴訟方・相手方〉双方が名主と一緒に〈役所に〉出頭し、言い分を主張しなさい）

「念を入**遂**二**穿鑿**一」（念を入れ穿鑿を遂げ ↓入念に取り調べを尽くし）

「急度**可**レ**被**レ**遂**二**御穿鑿**一事ニ候得共」（きっと御穿鑿（ごせんさく）を遂げらるべきことに候えども ↓厳しく糾明を尽くされることではあるが）

「**遂**二**見分**一申上候由」（見分を遂げ申し上げ候由（よし） ↓十分検査して申し上げるとのこと）

「御状具**遂**二**拝見**一候」（御状具（つぶさ）に拝見を遂げ候 ↓お手紙を詳しく拝見しました）

「今月七日之御状**遂**二**披見**一候」（今月七日の御状披見を遂げ候 ↓今月七日のお手紙を拝見しました）

「神奈川・長崎・箱館三湊ニおゐて、商人共勝手次第**可**レ**遂**二**売買**一候」（神奈川・長崎・箱館三湊において、商人ども勝手次第売買を遂ぐべく候 ↓神奈川・長崎・箱館三湊で、商人たちは自由に商売をしなさい）

【抽】（ぬきんず）

力を発揮する、とびぬける、の意で用いられます。

【文例】

「当山再建諸造作ニ付、**抽**ニ**丹精**一助成有レ之処」（当山再建諸造作につき、丹精を抽んじ助成これあるところ　↓この寺の再建諸費用について、一生懸命援助してくれたので）

「子孫繁栄の祈祷、**可**レ**抽**ニ**丹誠**一候間」（子孫繁栄の祈祷、丹誠を抽んずべく候あいだ　↓子孫繁栄の祈祷を、心を込めて執り行うので）

「**可**レ**抽**ニ**忠節**一覚悟候」（忠節を抽ずべき覚悟に候　↓忠節を尽くす覚悟です）

「人撰相募一隊ヲ結ひ、**抽**ニ**忠勤**一度奉レ存候」（人撰相募り一隊を結び、忠勤を抽じたく存じ奉り候　↓人を選んで一隊を結成し、忠義を尽くしたいと存じます）

【任】（まかす）

物事など体言（名詞）の上に付いて、ゆだねる、従う、などの意で用いられます。

【文例】

「**任**ニ**古例**一致ニ饗応一」（古例に任せ饗応いたし　↓先例に従いもてなしをして）

「**任**ニ**先格ニ**一如レ斯御座候」（先格に任せ斯くのごとくにござ候　↓前例に則りこの通りでございます）

「**任**ニ**先規**一令ニ寄附一レ之訖」（先規に任せこれを寄附せしめ訖　↓前例に従って寄付しました）

「役所江申達**可**レ**任**ニ**差図**一候」（役所へ申し達し差図に任すべく候　↓役所へ知らせ指示に従いな

さい）

「此度真鍮銭・文久銭、夫々天然之**任**二**相場**一」（この度真鍮銭・文久銭、それぞれ天然の相場に任せ　↓この度真鍮銭・文久銭は、それぞれの自然の相場に任せて）

【依・寄】（よる）

原因や限定を示す動詞で、～に基づく、～に限る、の意を表します。

【文例】

「**依**二台命一、鳴鐘・鐘楼堂当寺江被二下置一」（台命により、鳴鐘・鐘楼堂当寺へ下し置かれ　↓将軍の命令に基づいて、鳴鐘・鐘楼堂を本寺へ下賜され）

「**不**レ**依**二**何者**一、他所ゟ引越候者有レ之者」（何者によらず、他所より引っ越し候者これあらば　↓誰であっても、よそから引っ越してきた者がいれば）

「御丁内御作法之通、**不**レ**寄**二**何事**一為二相背一申間敷候」（御丁内御作法の通り、何事によらず相背かせ申すまじく候　↓町内のしきたりの通り、どんな事でも違反させてはならない）

（Ⅱ）補助動詞

他の動詞の後に続いて、その意味を補う働きをする付属的な動詞で、それ自体意味を持ちません。たとえば、「申す」は、本来「言う」の謙譲語ですが、「相勤申候」とあったら、「勤む」という行為に、「〜される」という丁寧の意味を添えているだけで、何も「言って」いません。このような動詞を「**補助動詞**」といいますが、その例をいくつか挙げてみましょう。

【候】（そうろう／さうらふ）

a．「ある」「いる」の意味を丁重に表現する丁寧語で、現代の「〜です」「〜ます」などに相当します。多く活用語の連用形に接続する補助動詞で、活用の種類は四段活用です。上に「仕」「申」「致」が来れば、「仕候」「申候」「致候」で「つかまつりそうろう」「もうしそうろう」「いたしそうろう」と読みます（傍点は連用形）。書き下しにする場合には、たとえば「申上候」は「申し上げ候」となります。（↓動詞「仕」p. 21／「申」p. 24／「致」p. 30）

また、「候」の上の用言に「可」や「被」などの助動詞が付くときは、「可レ申候」「被レ下候」などと表記され、それぞれ「もうすべくそうろう」「くだされそうろう」（傍点は連用形）と読みます。（↓助動詞「可」p. 173／「被」p. 176）

さらに、打消しの場合は助動詞「まじ」の連用形に付いて「間敷候」となります。（↓助動詞「間敷」p. 175）

【文例】

「御用木改帳ニ書上**仕候**」（御用木改帳に書き上げ仕り候　↓御用木改帳に記録しました）

「帳面ニ記、指上来り**申候**」（帳面に記し、指し上げ来たり申し候　↓帳面に記載して、提出してきました）

「拙者義、当月十三日帰宅**致候**」（拙者義、当月十三日帰宅致し候　↓私は、今月十三日に帰宅しました）

「代金返済**可**レ**申候**」（代金返済申すべく候　↓代金を返済します）

「其節、田地御返シ**可**レ**被**レ**下候**」（その節、田地御返し下さるべく候　↓そのときには、田地をお返しください）

「御願ケ間敷義、致し**申間敷候**」（御願いがましき儀、致し申すまじく候　↓お願いじみたことはいたしません）

b．尊敬語「ござある」の「ある」を「候（そうろう）」にして丁寧の意を添えたもの。

【文例】

「御尋ニ**御座候**」（御尋ねにござ候　↓お尋ねでございます）

「いか様之所存ニ**御座候哉**」（いかようの所存にござ候や　↓どのような考えでございましょうか）

「相背もの**御座候ハヽ**、五人組ハ不レ及レ申村中ニ而詮義(議)仕」（相背くものござ候わば、五人組は申すに及ばず村中にて詮議仕り　↓違反する者がございましたら、五人組は言うまでもなく村全体で取り調べをして）

「拝借金等相願候義**無**ニ**御座**一**候**」（拝借金等相願い候義ござなく候　↓拝借金などをお願いすることはございません）

c．「候」の後に「間」「節」「ハ、」など名詞や助詞などが付いて、その前の文章を受け様々な文意を表します。

【文例】

〈——候＋〔形式〕名詞〉

［**候間**］**そうろうあいだ**（～なので、～ですので）

「困窮ニ相成**候間**」（困窮に相成り候あいだ　↓貧乏になりましたので）

［**候上**］**そうろうえ**（～したうえで）

「御願請被レ成**候上**」（御願い請け成され候上　↓お願いを承知したうえで）

［**候上者**］**そうろううえは**（～したうえは、～したからには）

「前書之通り取極**候上者**」（前書の通り取り極め候上は　↓前書の通りに取り決めたからには）

【候趣】 **そうろうおもむき**（〜した趣旨は、〜したとのことで）

「御相談被二仰越一**候趣**、承知仕候」（御相談仰せ越され候趣、承知仕り候　→ご相談してこられた趣旨は承知しました）

【候儀・候義】 **そうろうぎ**（〜は、〜したことは）

「軽少之品贈**候儀**、不レ苦候」（軽少の品贈り候儀、苦しからず候　→少々の品を送ることは構いません）

「介ニ罷成**候義**無二御座一候」（介けに罷りなり候義ござなく候　→援助になることはありません）

【候条】 **そうろうじょう**（〜のところ、〜なので）　○接続助詞的用法

「淡路守殿被二申渡一**候条**」（淡路守殿申し渡され候条　→淡路守殿が申し渡されたので）

【候節】 **そうろうせつ**（〜したとき、〜した際）

「通行いたし**候節**」（通行いたし候節　→通行したとき）

【候節者・候節ハ】 **そうろうせつは**（〜しましたときは、〜した際は）

「野火焼キ来り**候節者**」（野火焼き来り候節は　→野火が延焼してきた際には）

「宿人馬遣払**候節ハ**」（宿人馬遣い払い候節は　→宿人馬を利用したときは）

【候段】 **そうろうだん**（〜したことは）

「致二承知一**候段**、相違無二御座一候」（承知致し候段、相違ござなく候　→承知したことは、間違

いございません）

［候通］ **そうろうとおり**（〜したように、〜したことに従い）○同じ状態・方法

「兼々被二　仰付一**候通**」（かねがね仰せ付けられ候通り　↓以前から命じられているように）

［候処・候所］ **そうろうところ**（〜したが／〜することに）

「度々相談致し**候処**、取究メ兼候付」（度々相談いたし候ところ、取り究め兼ね候につき　↓何度も相談しましたが、決定できなかったので）

「御愁訴申上**候所**、其後何之御沙汰もなく」（御愁訴申し上げ候ところ、その後何の御沙汰もなく　↓ご愁訴いたしましたが、その後なんのご指示もなく）

「拾ヶ年之間貸渡申**候処**、実正ニ御座候」（拾ヶ年のあいだ貸し渡し申し候ところ、実正にござ候　↓十か年間貸与することに、間違いありません）

「請取書奉二差上一**候所**、如レ件」（請取書差し上げ奉り候ところ、件(くだん)の如し　↓請取書を差し上げますこと、以上の通りです）

［候筈］ **そうろうはず**（〜するはず）

「境目相改売木致**候筈**」（境目相(さかいめあい)改め売り木致(いた)し候筈　↓境界を調べて売り木をするはず）

［候砌］ **そうろうみぎり**（〜のとき、〜の際に）

「加判被二相頼一**候砌**」（加判相頼まれ候砌　↓押印を依頼されたとき）

〔候旨〕 そうろうむね（〜とのこと）○物事の意味・内容・趣意・趣旨

「弥御安全之御事ニ**候旨**、京都表ゟ注進有レ之候」（弥(いよいよ)御安全の御事(おんこと)に候旨、京都表より注進(ちゅうしん)これあり候　→ますますご健康に過ごされているとのこと、京都より報告がありました）

〔候故〕 そうろうゆえ（〜なので、〜のため）○理由

「百姓之稼ヲ忘却致し**候故**」（百姓の稼(かせ)ぎを忘却致し候故　→百姓の仕事を忘れていたので）

〔候様〕 そうろうよう（〜でありますよう）○願望・希望・命令など

「都而御趣意行届**候様**可二取計一候」（すべて御趣意(ごしゅい)行き届き候よう取り計らうべく候　→全体的にお考えが行き届くように処理します／処理しなさい）

〔候様者・候様ハ〕 そうろうようは（〜するには）

「御尋被レ遊被レ下**候様者**」（御尋ねあそばされ下され候ようは　→お尋ねなさって下さるには）

「名主・老百姓御扱ニ而相済**候様ハ**」（名主・老(おとな)百姓御扱いにて相済み候ようは　→名主・老百姓の仲裁で解決したことには）

〔候由〕 そうろうよし（〜だそうです、〜とのことです）○理由・由来・内容・趣旨など。

「自然改革之趣等閑ニ相成**候由**相聞候」（自然改革の趣等閑(とうかん)に相成(あいな)り候由相聞(あいきこ)え候　→やがて改革の趣旨が疎かになったとのことを聞いています）

〈―候＋助詞〉

［**候歟**］　**そうろうか**（〜だろうか）　○疑問・反語

「或ハ神社・仏閣・民家等破却致**候歟**」（或いは神社・仏閣・民家等破却致し候歟　↓または神社・仏閣・民家などを壊したのだろうか）

［**候而**］　**そうろうて・そうらいて**（〜しまして）　○順接の確定条件

「御役人様御他出等御座**候而**」（御役人様御他出等ござ候て　↓お役人様が外出などされていまして）

［**候而者・候而ハ**］　**そうろうては・そうらいては**（〜しては）

「御上様ゟ格別之助成不レ被二下置一**候而者**」（御上様より格別の助成下し置かれず候ては　↓上様から特別の助成をいただけなければ）

「不レ残御伐払ニ罷成**候而ハ**」（残らず御伐り払いに罷り成り候ては　↓〈木を〉すべて伐採してしまっては）

［**候而も・候而茂**］　**そうろうても・そうらいても**（〜しても）　○仮定的逆接

「何様之義被二仰立一**候而も**」（いかようの義仰せ立てられ候ても　↓どのようなことをおっしゃられても）

「御払ニ罷成**候而茂**」（お払いに罷り成り候ても　↓〈木を〉伐採することになっても）

［**候迚**］　**そうろうとて**（〜といって）

「金子取遣仕**候迚**」（金子取り遣り仕り候とて　↓金子の授受をするといって）

【**候共**】**そうろうとも**（～であっても）○逆接の仮定条件

「万一滞**候共**、証人之者立合」（万一滞り候とも、証人の者立ち合い　→もし〈返済が〉滞っても、保証人が立ち合い）

【**候ニ付・候付**】**そうろうにつき**（～しましたので、～でありますので）○理由・原因

「家名相続仕来**候ニ付**」（家名相続仕り来り候につき　→家名を継承してきましたので）

「病死仕**候付**」（病死仕り候につき　→病死したので）

【**候哉**】**そうろうや**（～するであろうか）○疑問・反語

「此後如何之事ニ相成**候哉**、心配仕候」（この後いかがのことに相成り候や、心配仕り候　→今後どうなるのか、心配しています）

【**候得共・候へ共**】**そうらえども**（～ですが、～していますが、～しましたけれども）○逆接の既定条件

「御休泊も年増ニ相殖**候得共**」（御休泊も年増に相殖え候えども　→ご休憩やお泊りも年々増えていますが）

「少も不念不レ仕、山内相改**候へ共**」（少しも不念仕らず、山内相改め候えども　→少しの不注意もなく、山内を調査しましたが）

【**候得者・候得ハ・候へ者・候へハ**】**そうらえば**（～しましたら、～したところ）○逆接は「～候得共」

「万一返済之儀相滞申**候得者**」（万一返済の儀相滞り申し候えば　→もし返済が滞りましたら）

「鎌渡し候様ニ申**候へ**者」（鎌渡し候ように申し候えば　→鎌を渡すように言ったところ）

「村へ罷出様子承**候へハ**」（村へ罷り出で様子承り候えば　→村へ出掛けて様子を伺ったところ）

【候者・候ハ】　そうろうは（～するには、～したことは）

「穀屋共申**候者**」（穀屋ども申し候は　→穀屋たちが言うには）

「養育金差上**候ハ**」（養育金差し上げ候は　→養育金を上納したことは）

【候ハヽ・候者】　そうらわば（～したならば、～したところ、～でありますので）　○仮定条件

「右之代金不レ残返進仕**候ハヽ**」（右の代金残らず返進（へんしん）仕り候わば　→右の代金を全部返したならば）

「先規之通被二仰付一被二下置一**候ハヽ**、難レ有奉レ存候」（先規の通り仰せ付けられ下しおかれ候わば、有り難く存じ奉り候　→従来通りにお命じ下されるならば、うれしく思います）

「若以来御無沙汰申**候者**」（もし以来御無沙汰申し候わば　→もし今後注意を怠ったならば）

【候半】　そうらわん（～であろう）　○推量、「半」は当て字

「弥御無事御暮**候半**と、一段之事ニ存候」（弥（いよいよ）御無事御暮らし候わんと、一段のことに存じ候　→ますます平穏にお暮らしであろうと、とても結構に存じます）

【遊】（あそばす）

多く「お」「ご」の付いた動詞の連用形または名詞に付いて、その動作をする人に対する尊敬の意を表します。~なさる、お~になる、の意。

【文例】

「御両人御越**被**ㇾ**遊**候」（御両人御越し遊ばされ候　→お二人がお出でになりました）

「宰相様日光御社参**被**ㇾ**遊**候節」（宰相様日光御社参遊ばされ候節　→宰相様が日光ご社参をなさったとき）

「天下御取**被**ㇾ**為**ㇾ**遊**候」（天下御取り遊ばせられ候　→天下をお取りになられました）

【置】（おく）

動詞の連用形に付いて、ある状態をそのまま続ける意を表します。尊敬の助動詞「被（る・らる）」が付くと、「被二下置一候（くだしおかれそうろう）」「被二成下置一候（なしくだしおかれそうろう）」「被二仰付置一候（おおせつけおかれそうろう）」などと用いられます。

【文例】

「若**隠置**、後日顕候ハヽ」（もし隠し置き、後日顕（あらわ）れ候わば　→もし隠しておいて、後々発覚したならば）

「為ㇾ念一札**入置**申処、仍如ㇾ件」（念のため一札入れ置き申すところ、よって件の如し　→念のため証文を渡しておくところ、以上の通りです）

「番人を**差置**、制道致シ可レ申候」（番人を差し置き、制道いたし申すべく候　→番人を配置して、取り締まりをいたします／しなさい）

「吟味中、同寺江**預ヶ置**」（吟味中、同寺へ預け置き　→取り調べ中、同寺へ預けて置いて）

「**用立置**候金子多分ニ有レ之」（用立て置き候金子多分にこれあり　→貸与しておいた金銭が沢山あり）

「私家族末々迄茂**可**二**申聞置**一候」（私家族末々までも申し聞かせ置くべく候　→私の家族全員までも言い聞かせておきます）

「不埒之旨を以、一同**御叱被**レ**置**候」（不埒（ふらち）の旨をもって、一同御叱（おしか）り置かれ候　→不届きの理由で、全員がお叱りを受けました）

「山内猥無レ之様ニ**可**レ**被**二**申付置**一候」（山内猥（みだ）りこれなきように申し付け置かるべく候　→山内で不取締りのないように命じておかれますように）

「御扶持方**被**二**下置**一候様ニ奉レ願候」（御扶持方下し置かれ候ように願い奉り候　→ご扶持をくださいますようにお願い申します）

「御山御用ニ付而ハ、山刀指候様ニ**被**二**仰付置**一」（御山御用については、山刀（やまかたな）指し候ように仰せ付け置かれ　→御山御用の遂行に際しては、山刀を差すように命じられ）

「右願之通り御聞済**被**二**成下置**一候ハヽ、」（右願いの通りお聞き済まし成し下し置かれ候わば　→

右の願いの通りにご了承なさって下されば）

【兼】（かぬ）

動詞の連用形に付いて、「〜できない」という意味で使われる補助動詞です。

【文例】

「外品之義ハ未タ調達**仕兼**候」（外(ほか)の品の義はいまだ調達(ちょうたつ)仕り兼(か)ね候　↓ほかの品物はまだ調達できておりません）

「独身之百姓、耕作**成兼**候輩には、其一村として相互助レ之」（独身の百姓、耕作成り兼ね候輩(ともがら)には、その一村として相互にこれを助け　↓独身の百姓で、耕作できない者には、村として相互に助ける）

「万一其節当人**出来兼**候ハヽ、組合ニ而引請可レ致ニ弁納一候」（万一その節当人出来(でき)兼ね候わば、組合にて引き請け弁納いたすべく候　↓もしその時に当人が〈年貢を上納〉出来そうもなければ、組合が代わって納入しなさい）

「病身ニ而見廻り等**相勤兼**」（病身にて見廻りなど相勤め兼ね　↓病身のため巡回などを勤めることが難しく）

「御願**申上兼**候得共」（お願い申し上げ兼ね候えども　↓お願い申し上げがたいのですが）

「**分り兼**候義、立会相糺候様可レ致哉」（分かり兼ね候義、立ち会い相糺し候よう致すべきや　↓判断できないことは、立ち会いの上で糾明するようにすべきか）

【来】（きたる）

（↓連体詞 p.155）

動詞の連用形に付いて、ある動作や状態が以前から今までずっと続いていることを表します。また、人や物事がやってくることを表します。

【文例】

「当村御林守之儀も代々**相勤来**候間」（当村御林守の儀も代々相勤め来り候あいだ　↓当村の御林守のことも代々勤めてきましたので）

「拙者親勘七義、馬喰売買**仕来**候」（拙者親勘七義、馬喰売買仕り来り候　↓私の親勘七は、馬喰商売をしてきました）

「同夜之内ニ家財取片付、立退可レ申旨**申来**候」（同夜のうちに家財取り片付け、立ち退き申すべき旨申し来り候　↓その夜のうちに家財を片付け、立ち退くように言ってきました）

【奉】（たてまつる）

動詞の連用形に付いてその動作の及ぶ相手を敬う補助動詞です。～申し上げる、差し上げる、などの意を表します。

【文例】

「当時之難渋御救被二下置一候様、偏ニ**奉**二**願上**一候」（当時の難渋御救い下し置かれ候よう、偏（ひとえ）に願い上げ奉り候 ↓現在の苦難をお救いくださいますよう、ひたすらお願い申し上げます）

「今般無二是非一御訴訟**奉**二**申上**一候」（今般是非なく御訴訟申し上げ奉り候 ↓今度仕方なくご訴訟申し上げました）

「御勘弁被二成下置一候ハヽ、一同難レ有仕合**奉**レ**存**候」（御勘弁なし下し置かれ候わば、一同有り難き仕合わせに存じ奉り候 ↓お許し下されるならば、一同この上ない幸運に思います）

「右之通被二仰付一**奉**レ**畏**候」（右の通り仰せ付けられ畏（かしこ）み奉り候 ↓右の通りにお命じなされ承知いたしました）

「御慈悲之御了簡**奉**レ**願**候」（御慈悲の御了簡（ごりょうけん）願い奉り候 ↓ご慈愛のあるお取り計らいをお願いいたします）

「皆々様江宜御鶴声**奉**レ**希**候」（皆々様へ宜しく御鶴声希（こいねが）い奉り候 ↓皆様へ宜しくお伝えください）

「当家之恥辱、誠以**奉**二**恐入**一候」（当家の恥辱、誠にもって恐れ入り奉り候 ↓当家の恥で、はなはだ恐縮致します）

【給・賜】（たまう）

動詞や助動詞に付いて、〜してくださる、お〜になる、お〜なさる、の意味で、尊敬の意を表す補助動詞として用いられます。また、〜させていただく、と謙譲の意味でも用いられます。（↓動詞p.20）

【文例】

「大切之御年貢金御**立替給**候ニ付」（大切の御年貢金御立て替え給い候につき　↓大事なお年貢金をお立て替えくださったので）

「右之駄賃馬無レ滞**相立可**レ**給**候」（右の駄賃馬滞りなく相立て給ふべく候　↓右の駄賃馬を遅れることがないように用意してください）

「為ニ端午之祝儀一帷子三**送給**候」（端午（たんご）の祝儀として帷子（かたびら）三送り給い候　↓端午の節句のお祝いとして帷子三枚をお送りいただきました）

「領地ヲ益（増）シ**賜フ**ノ謝礼トシテ」（領地を増し賜うの謝礼として　↓領地を加増してくださった謝礼として）

【申】（もうす）

動詞の連用形や動作をいう名詞に付いて、謙譲の意を表します。お〜申し上げる、お〜する、の意味です。（→動詞 p. 24）

【文例】

「今般旅籠屋仲間相寄**取極申**候」（今般旅籠屋（はたごや）仲間相寄り取り極（とき）め申し候　→この度旅籠屋仲間が寄り合い取り決めました）

「右之条々相背候ハ、急度**相糺可**ㇾ**申**候」（右の条々相背き候わば急度（きっと）相糺（あいただ）し申すべく候　→右の箇条書きに違反したら厳しく糾明します）

「金弐分慥ニ受取、**借用申**所実正也」（金弐分慥（たし）かに受け取り、借用申すところ実証なり　→金二分を確かに受け取り、借用したことに間違いありません）

「披露致し呉候様頼御坐候ニ付、写を以**御案内申**候」（披露致しくれ候よう頼みござ候につき、写しをもって御案内申し候　→紹介してくれるよう依頼があったので、〈案内状を〉写してお知らせします）

(Ⅲ) 形容詞・形容動詞

名詞を修飾して、物事の性質や状態などを表し、終止形が「美し」「忙し」など「し」で終わる用語を「**形容詞**」と言い、「なり」「たり」で言い切る用語を「**形容動詞**」と言います。

江戸時代の古文書では、形容詞の連用形・連体形などの活用語尾「しく・しき」に「敷」「鋪」の字を当てる場合がほとんどです。打消しの場合は、助動詞「まじ」の活用形「まじく・まじき（間敷・間鋪）」です。また、「〜らしい、〜のきらいがある」の意味で用いる形容詞活用語尾「〜がましく」を「ヶ間敷・ヶ間鋪」と当てる場合も多く見られます。

頻出する形容詞・形容動詞を挙げましょう。

【悪】（［形］**あし**）　［意］悪い、不良である　（活用）シク活用　悪敷・悪鋪（あしく）

「右之もの儀、**悪敷**風聞入二御聴一」（右の者儀、悪しき風聞御聴（おき）きに入り　→右の者について、悪い噂が耳に入り）

「甚取扱**悪**候ニ付」（甚（はなは）だ取り扱い悪しく候につき　→とても仲裁が良くないので）

「土性**悪敷**、其上不作相続キ、百姓共暮困窮仕」（土性（どしょう）悪しく、その上不作相続き、百姓ども暮らし困窮仕り　→土質が不良で、その上不作が続き、百姓たちは暮らしに困り）

【怪】（［形］**あやし**）　［意］異様な、不審な、疑わしい、ただならぬ　（活用）シク活用　怪敷・怪鋪（あやしく）

「若脇ゟ宗旨**怪敷**由、訴人御座候ハヽ」（もし脇より宗旨怪しき由（よし）、訴人ござ候わば　→もしほ

かから宗旨が疑わしいと訴える人がいましたら）

「**怪鋪**者不二罷在一様ニ、常々吟味可レ仕」（怪しき者罷りあらざるように、常々吟味仕るべし　↓不審な者がいないように、いつも取り調べなさい）

「風俗不レ宜、**怪敷**御見受」（風俗宜しからず、怪しく御見受け　↓風体が良くなく、異様に思われ）

【如何様・何様】

（〔形動〕**いかよう**〈**なり**〉）　〔意〕どれほど、どのような

「**如何様**成儀出来候共」（いかようなる儀出来候とも　↓どんなことが起きようとも）

「**如何様**之曲事ニも可レ被二仰付一候」（いかようの曲事にも仰せ付けらるべく候　↓どのような処罰にも処してください）

「先々**何様**之義仕出シ可レ申哉難レ計」（先々いかようの義仕出し申すべき哉計り難く　↓この先どのようなことを仕出かすか予想がつかず）

【聊】

（〔形動〕**いささか**〈**たり**〉）　〔意〕少し、わずか　（↓副詞p.101）

「**聊たりとも**不実之製作致間敷」（聊かたりとも不実の製作致すまじく　↓少しであっても不誠実な製作はしないで）

【弥増】（［形動］　**いやまし**）　［意］いよいよまさるさま、ますます増えるさま

「養蚕・秋作共皆無同様ニ而、**弥増**及二困窮一取続兼候」（養蚕・秋作とも皆無同様にて、いやまし困窮に及び取り続き兼ね候　→養蚕や秋の収穫がともに全くないのも同然で、益々困窮に陥り生活の維持が困難です）

「追日秋冷**弥増**申候処」（追日秋冷弥増し申し候ところ　→日を追って涼しさがいよいよ増していますが）

【後闇・後暗】（［形］　**うしろぐらし**）　［意］やましい、うしろめたい

「御**後闇**儀無レ之様ニ、大切ニ相勤可レ申候」（御うしろぐらき儀これなきように、大切に相勤め申すべく候　→やましいことがないように、しっかりと勤務します）

「少茂御**後暗**儀不レ仕」（少しも御うしろぐらき儀つかまつらず　→ちょっとでも後ろめたいことはせず）

【疑】（［形］　**うたがわし**）　［意］怪しい　（活用）シク活用　疑敷・疑鋪（うたがわしく）

「昼夜ニ不レ限、**疑**儀有レ之候節者」（昼夜に限らず、疑わしき儀これあり候節は　→昼夜を問わず、不審なことが起きた時は）

「盗人其外**疑敷**者有レ之候ハヽ、早速捕置可二申来一候」（盗人（ぬすびと・ぬすっと）そのほか疑わしき者これあり候わば、早速捕え置き申し来るべく候　↓盗人やそのほか怪しい者がいたら、すぐに捕え報告しなさい）

「勘定**疑ヶ敷**申ニ付」（勘定疑わしく申すにつき　↓勘定に疑問があると言うので）

【夥】（[形]　**おびただし**）　[意]　非常に多い、はなはだしい　（活用）　シク活用　夥敷・夥鋪（おびただしく）

「年中ニハ**夥敷**人足相懸り」（年中には夥しき人足相懸り　↓年間では甚だ多くの人足が必要となり）

「損毛（耗）**夥敷**打続候得共」（損耗夥しく打ち続き候えども　↓農作物の被害がいつまでも続きましたが）

「深山之際故猪・猿**夥敷**出、少之稔有レ之作物をも荒シ候」（深山の際ゆえ猪・猿夥しく出で、少しの稔りこれある作物をも荒し候　↓深山の近くであるため猪や猿が非常にたくさん出没し、少し実った作物をも食い荒らしています）

【疎】（[形動]　**おろそか〈なり〉**）　[意]　いいかげん　（活用）　ナリ活用

「博奕筋之儀者別而百姓之風俗を乱し、田畑之耕**疎**ニ成候基」（博奕筋の儀は別して百姓の風俗を乱し、田畑の耕し疎かになり候もと　↓博奕の類は特に百姓の生活を乱し、田畑の耕作がいい

加減になる原因）

「役人共**疎**ニ心得、見廻り茂不レ致」（役人ども疎かに心得、見廻りも致さず　↓役人たちがいいかげんに考え、見廻りもせず）

【忝・辱】（[形] **かたじけなし**）　[意] ありがたい、もったいない、身に余る、恐れ多い　（活用）ク活用

「格別之御勘弁ヲ以御聞済被レ下、**忝**仕合奉レ存候」（格別の御勘弁をもって御聞き済（すま）し下され、忝き仕合わせに存じます　↓特別なご配慮でご承知いただき、とても幸運に存じます）

「御承引被レ下、**忝**奉レ存候」（御承引（ごしょういん）下され、忝く存じ奉り候　↓承知して頂き、有りがたく存じます）

「昨日者遠方御来車被ニ成下一、**辱**奉レ謝候」（昨日は遠方御来車成し下され、辱く謝し奉り候　↓昨日は遠方よりご来訪くだされ、ありがたく感謝申し上げます）

【厳・稠】（[形] **きびし**）　[意] 厳重に、激しく　（活用）シク活用、厳敷・厳鋪・稠敷・稠鋪（きびしく）

「右両人之衆中江**厳敷**被ニ仰聞一可レ被レ下候様奉ニ願上一候」（右両人の衆中へ厳しく仰せ聞けられ下さるべく候よう願い上げ奉り候　↓右二人の方々へ厳しく言い聞かせて下さいますよう願い上げます）

「博奕停止之儀、兼而稠敷申渡置候得者」（博奕停止の儀、兼て稠しく申し渡し置き候えば　↓博奕禁止のことは、以前から厳重に申し渡してあるので）

「相談之上取極可レ申旨、厳敷御請書差上候間」（相談のうえ取り極め申すべき旨、厳しき御請書差し上げ候あいだ　↓相談したうえで決定するとの、厳格な請書を提出しましたので）

【委】（［形］　くわし）　［意］細かく、詳細に　（活用）シク活用　委敷・委鋪（くわしく）

「委使者ヲ以申入候」（委しくは使者をもって申し入れ候　↓詳細は使者から報告します）

「名主初組頭迄茂委敷道理を心得候様申含候」（名主初め組頭までも委しく道理を心得候よう申し含め候　↓名主はじめ組頭までも細かく正しい道を承知するように言い含めました）

「委敷事難二申上一候」（委しきこと申し上げがたく候　↓詳しいことは申せません）

【左様】（［形動］　さよう〈なり〉）　［意］そのとおり、そのまま　（活用）ナリ活用

「左様承知可レ被レ下旨申レ之」（左様承知下さるべき旨これを申し　↓そのように承知してくださいとのことを言い）

「左様ニ相心得候様ニ申候」（左様に相心得（あいこころえ）候ように申し候　↓そのように承知するように言いました）

「**左様成**者一切入込申間敷候」（左様なる者一切入り込み申すまじく候　→そのような者は決して入り込んではいけない）

【慥】（〔形動〕**たしか**〈**なり**〉）　〔意〕確実なである、間違いがない　〔活用〕ナリ活用

「此初五郎与申男、**慥成**者ニ御座候ニ付」（この初五郎と申す男、慥かなる者に御座候につき　→この初五郎という男は、〈身元が〉間違いない者ですので）

【詳】（〔形動〕**つまびらか**〈**なり**〉）　〔意〕くわしいさま、事こまかなさま　〔活用〕ナリ活用

「何某と申事、**詳ニ**承り不レ申」（何某と申すこと、つまびらかに承り申さず　→誰かということは、詳しく伺わず）

「愚妻方江参り候節被レ慰候由、**詳ニ**白状仕候」（愚妻方へ参り候節慰められ候由、詳らかに白状仕り候　→愚妻方へ来たときに慰められたとのことを、詳しく白状しました）

【歎敷（鋪）・嘆敷（鋪）・歎ヶ敷（鋪）・嘆ヶ敷（鋪）】（〔形〕**なげかわし**〈**く**〉）　〔意〕なさけない

「近頃御領内行倒之者折々有レ之、何共**歎敷**事ニ候」（近頃御領内行き倒れの者折々これあり、何とも歎かわしきことに候　→近ごろご領内で行き倒れ人がしばしばいて、何とも悲しいことです）

「誠以**歎鋪**次第」(誠にもって歎かわしき次第 ↓本当に情けないことで)

「渡世向差支ニ罷成候段、**嘆ヶ敷**奉レ存候」(渡世向き差し支えに罷り成り候段、嘆かわしく存じ奉り候 ↓暮らし向きが困窮したことは、情けなく思います)

「何共**歎ヶ鋪**、難儀至極仕候間」(何とも歎かわしく、難儀至極仕り候あいだ ↓何とも情けなく、非常に困っていますので)

【無―】(〔形〕 **―なし**) 〔意〕~ない (↓接頭語「無」p.220)

「金子持合**無**レ**之**候ニ付」(金子持ち合わせこれなく候につき ↓お金の持ち合わせがありませんので)

「諸親類ハ不レ及レ申、外様ゟ違乱申者少も**無**ニ**御座**一候」(諸親類は申すに及ばず、外様より違乱申す者少しもござなく候 ↓諸親類は言うまでもなく、ほかから苦情を言うものは一人もございません)

「**無**レ**謂**一己之存意ヲ以」(謂れなき一己の存意をもって ↓理由もなく自己の考えで)

「御通行御差支等之義出来候哉、**無**ニ**覚束**一甚心痛仕候」(御通行御差し支え等の義出来候や、覚束なく甚だ心痛仕り候 ↓通行に支障などが起きたのか、不安でとても心配しました)

「**無**レ**隠**有体可ニ申上一旨、御吟味ニ御座候」(隠しなく有体に申し上ぐべき旨、御吟味にござ候

↓隠すことなくありのままに申し上げるようにとの、取り調べでございます）

「火元**無**二**心元**一所有レ之候得者」（火元心元なき所これあり候えば　↓火の元が心配な場所があるならば）

「屋敷内栗之木、八月中大風ニ而屋根江倒か丶り、**無**二**心許**一ニ付切取度」（屋敷内栗の木、八月中大風にて屋根へ倒れかかり、心許（こころもと）なきにつき切り取りたく　↓屋敷内の栗の木が、八月中の大風で屋根へ倒れかかり、心配なので伐採したく）

「**無**二**是非**一御訴訟申上候」（是非なくご訴訟申し上げ候　↓仕方なく訴え出ました）

「心懸薄く候而者、**無**レ**詮**事ニ候」（心懸け薄く候ては、詮（せん）なきことに候　↓心掛けが足りなくては、やってもしかたがないことである）

「今更**無**二**詮方**一儀ニ御座候」（今さら詮方（せんかた）なき儀にござ候　↓今さらどうしようもないことでございます）

「男女・老若之**無**二**差別**一、難レ有御儀ニ奉レ存候」（男女・老若の差別なく、ありがたき御儀に存じ奉り候　↓男女・老若の区別なく、うれしいことに思います）

「荒地有レ之村方ハ、**無**二**油断**一起返シ」（荒地これある村方は、油断なく起こし返し　↓荒地のある村は、怠ることのないように再開発し）

「**無**二**相違**一上納可レ仕候」（相違なく上納仕るべく候　↓間違いなく上納します）

「**無**レ**恙**百姓相続仕、村方平和ニ相治り候様、偏奉ニ願上一候」（つつがなく百姓相続仕り、村方平和に相治まり候よう、偏に願い上げ奉り候 →無事に百姓を受け継ぎ、村が平和に治まるように、専らお願い申し上げます）

「山稼ニ而相続仕来候段、**無**レ**紛**相見へ申候」（山稼ぎにて相続仕り来り候段、紛れなく相見え申し候 →山稼ぎをして生活を維持してきたことは、確かなようです）

「示談ニ相成兼、**無**ニ**余儀**一其段御届ヶ奉ニ申上一候」（示談に相成り兼ね、余儀なくその段お届け申し上げ奉り候 →話し合いがつかず、しかたなくそのことをお届け申し上げます）

「右者**無**レ**拠**入用ニ付、借用申候所実正也」（右はよんどころなき入用につき、借用申すところ実正なり →右はどうしても必要な費用なので、借用することに間違いありません）

【俄】（［形動］ **にわか〈なり〉**） ［意］ だしぬけ、突然。急に （活用） ナリ活用

「八月初旬ゟ**俄**之冷気ニ而、追々枯穂ニ相成」（八月初旬より俄かの冷気にて、追々枯れ穂に相成り →八月初旬から急な冷気となり、次第に穂が枯れてしまい）

「**俄**ニ気分不レ宜相成相臥」（俄に気分宜しからず相成り相臥せり →急に気分が悪くなり寝込み）

【烈】（［形］ **はげし**） ［意］ 強い、はなはだしい （活用） シク活用、烈敷（はげしく）

「十八日大野出帆之処、西風**烈敷**半途より引返し」（十八日大野出帆のところ、西風烈しく半途より引き返し　↓十八日に大野を出帆したところ、西風が強く途中から引き返し）

「双方ゟ大炮・小銃をも**烈敷**打放し、及二戦争一候」（双方より大炮・小銃をも烈しく打ち放し、戦争に及び候　↓双方から大炮・小銃をもはげしく打ち放ち、戦争になりました）

【甚】（〔形〕　**はなはだし**）　〔意〕激しい、いちじるしい　（活用）シク活用、甚敷・甚鋪（はなはだしく）（↓副詞p.113）

「残暑**甚敷**候得共」（残暑甚だしく候えども　↓残暑が甚だしいですけれど）

「うつゝを言て、熱も**甚敷**、相煩ふ」（うつつを言いて、熱も甚だしく、相煩（わずら）う　↓夢見ごこちで話し、熱もひどく、病んでいる）

【猥】（〔形動〕　**みだり〈なり〉**）　〔意〕むやみやたらに、勝手気まま、分別なく　（活用）ナリ活用

「**猥成**義聊無レ之様被二仰出一候間」（猥りなる義聊（いささ）かこれなきよう仰せ出だされ候あいだ　↓乱れたことが少しでもないよう命じられましたので）

【猥ヶ間敷（鋪）】（〔形〕　**みだりがまし〈く〉**）　〔意〕みだらである、乱れている　（活用）シク活用

「**猥ヶ間敷**儀等も有レ之哉ニ相聞候」（猥りがましき儀などもこれあるやに相聞こえ候　↓分別の

ないようなことなどもあるように耳に入っています）

【六ヶ敷（鋪）・六ツヶ敷（鋪）】（〔形〕**むずかし**〈く〉）〔意〕困難な、わずらわしい〔活用〕シク活用

「源六殿病気義、殊之外**六ヶ敷**病気之由」（源六殿病気義、殊の外難しき病気の由　↓源六殿の病気は、とても厄介な病気とのこと）

「脇より**六ヶ敷**申もの少茂無ニ御座一候」（脇より難しく申すもの少しもござなく候　↓他から煩わしいことを言う者は少しも居りません）

「若シ相滞、**六ツヶ敷**相成候ニおゐてハ」（もし相滞り、難しく相なり候においては　↓万一支障が生じ、困難な状況になったとしたら）

「如何様之**六ヶ鋪**儀出来仕候共」（いかようの難しき儀出来仕り候とも　↓どのような困難なことが起こっても）

【空】（〔形〕**むなし**）〔意〕むだに、いたずらに〔活用〕シク活用　空敷・空鋪（むなしく）

「**空敷**打過罷在候」（空しく打ち過ぎ罷りあり候　↓いたずらに日々を過ごしております）

「御趣意も**空敷**相成候義ニ付」（御趣意も空しく相成り候義につき　↓お考えも無駄になりますので）

「**空鋪**凶年を累、相歎罷在候処」（空しく凶年を累ね、相歎き罷り在り候ところ　↓いたずらに

不作の年が続き、悲嘆にくれていたところ）

【珍】（[形] **めずらし**）［意］めったにない、すばらしい（活用）シク活用、珍敷・珍鋪（めづらしく）

「近来**珍敷**大風雨ニ而、所々出水等も有レ之候」（近来(きんらい)珍しき大風雨にて、所々出水等もこれあり候　↓近頃めったにない大風雨になり、あちこち出水などもありました）

「助兵衛新田と言村名ハ、始テ聞**珍敷**村名かなと大笑ひをなし」（助兵衛新田と言う村名は、始めて聞く珍しき村名かなと大笑いをなし　↓助兵衛新田という村名は、初めて聞く珍しい村名だなあと大笑いし）

【宜】（[形] **よろし**）［意］結構である、適当に、充分に（活用）シク活用　宜敷・宜鋪（よろしく）

「都合**宜**時節可二相納一」（都合よろしき時節相納むべし　↓都合の良い時期に納入しなさい）

「以之外**不**レ**宜**事ニ付、以後急度相心得可レ申候」（もってのほか宜しからざることにつき、以後きっと相心得申すべく候　↓非常にけしからぬことなので、今後は厳しく心得るように）

「最寄も**宜鋪**処ニ御座候間」（最寄りも宜しき処にござ候あいだ　↓付近も便利な場所でございますので）

「平百姓ニ而も身代**宜敷**」（平百姓にても身代(しんだい)宜しく　↓一般百姓でも暮らし向きは良く）

「御令室様初メ、**宜鋪**御鶴声可レ被レ下候」（御令室様はじめ、宜しく御鶴声くださるべく候 ↓奥様はじめ、よろしくお伝えください）

「此等之趣、**宜**レ預二御披露一候」（これらの趣、宜しく御披露に預かるべく候 ↓これらのことを、よくよくご報告してください）

（二）体 言

「用言」は活用する自立語でしたが、「**体言**」は活用のない自立語で、「名詞（普通名詞・固有名詞）」「数詞」「形式名詞」「代名詞」があります。ここでは、「**普通名詞**」「**形式名詞**」「**代名詞**」について、用例を挙げながら簡単に解説します。

(I) 名 詞（普通名詞）

「**名詞**（**普通名詞**）」は、物事の名称を表したり、状態・性質・動作・作用・存在などの概念を表したりする品詞の一つで、単独で主語になるものを言います。

ここでは、江戸時代の古文書に頻出する語彙（名詞）で、難読なものや、現代と読み方が違うもの、意味が異なるものを中心に重要な語句を紹介しましょう。

【異見】（いけん）　［意］意見、忠告、訓戒

「扱人立入、双方江**異見**差加へ」（扱人立ち入り、双方へ異見差し加え　↓仲裁者が中に入り、両者へ意見を加え）

「度々**異見**仕候得共、得心不レ仕候ニ付」（たびたび異見仕り候えども、得心仕らず候につき　↓何度も忠告しましたが、納得しないので）

【胡乱・烏乱】（うろん）　［意］怪しげなこと、不審なこと

「**胡乱**成者見懸ケ候ハヽ、役人共江申聞可レ致ニ吟味一候」（うろんなる者見かけ候わば、役人どもへ申し聞かせ吟味致すべく候　↓不審な者を見かけたら、役人たちへ連絡し取り調べなさい）

「**烏乱**成風躰之もの村々徘徊致し候ハヽ」（うろんなる風躰のもの村々徘徊（はいかい）いたし候わば　↓怪しげな身なりの者が村々をうろつき回っていたら）

【開発】（かいほつ・かいはつ）　［意］荒地や森林などを切り開くこと

「新田畑之**開発**も相成かたく」（新田畑の開発も相成りがたく　↓新しい田畑を切り開くことも

できず）

「山野共ニ一面之深砂故、田畑**開発**難レ及間」（山野ともに一面深砂ゆえ、田畑開発及び難きあいだ　→山野ともに一面の深い砂のため、田畑を切り開けないので）

【欠落】（かけおち）　［意］駆落・駈落とも。失踪、逃亡、家出

「万一取逃・**欠落**仕候ハヽ、我等尋出シ」（万一取逃げ・欠落ち仕り候わば我ら尋ね出し　→万が一逃亡したり出奔したら私が探し出し）

「当八月十一日致ニ**欠落**一候ニ付、所々相尋候得共行衛相知不レ申」（当八月十一日欠落致し候につき、所々相尋ね候えども行衛相知れ申さず　→今年八月十一日に出奔したので、あちこち探しましたが行方不明で）

【水主・水夫・加子】（かこ）　［意］船員、船乗り、すいふ

「**水主**共江何時迄ニ浦賀へ着船可レ被レ致哉与相尋候」（水主どもへ何時までに浦賀へ着船致さるべきやと相尋ね候　→船員にいつまでに浦賀に着船するのかと尋ねました）

「御用ニ付**水夫**遣候時分ハ」（御用につき水夫遣い候時分は　→御用の関係で水夫を使用する時は）

「渡世ハ廻船**加子**働仕候」（渡世は廻船加子働き仕り候　→仕事は廻船の加子として働いています）

【重頭・我拶】（がさつ）　［意］粗暴、粗野、ぞんざいなこと

「**重頭**之所業ニ及候得共」（がさつの所業に及び候えども　↓粗暴な行為に至りましたが）

「**我拶ヶ間敷**儀一切致申間敷候」（がさつがましき儀一切致し申すまじく候　↓いいかげんなことは一切いたしません）

【故障・巨障・拒障】（こしょう）　［意］不服、異議、不満、不都合、支障

「此持林ニ付、**故障**申もの一切無ニ御座一候」（この持ち林につき、故障申す者一切ござなく候　↓この持ち林について、異議を唱える者は全くおりません）

「**故障ヶ間敷**義申立間敷候」（故障がましき義申し立つまじく候　↓不服めいたことは主張しません）

「利非ニ不レ抱（拘）、彦三郎退役**巨障**」（利非に拘らず、彦三郎退役巨障　↓良し悪しに拘らず、彦三郎の〈名主〉辞任は不都合である）

「百姓・町人・召仕之もの共江**拒障**等申懸ヶ」（百姓・町人・召仕いの者どもへ拒障等申しかけ　↓百姓・町人・召仕いの者どもへ不満などを言い）

【察当・察斗・察度】（さっとう・さっと）　［意］違法や過失を咎めること、非難、糾弾

「貴殿方御一同御立入、御**察当**被レ下、一件内済ニ及」（貴殿方御一同御立ち入り、御察当下され、一件内済（ないさい）に及び　→貴殿方皆様が仲介に入り、お咎めになり、一件が示談の運びとなり）

「段々御**察当**請、一言之申訳無レ之奉ニ恐入一候」（段々御察当請け、一言の申し訳これなく恐れ入り奉り候　→いろいろと非難を受け、一言の釈明もなく恐縮しています）

「役人ゟ**察斗**有レ之」（役人より察斗これあり　→役人から糾弾され）

「御見咎被レ成、御**察度**有レ之」（御見咎（おみとが）めなされ、御察度これあり　→不審に思われ、糾問があり）

【差別】（さべつ・しゃべつ）　［意］区別、わけへだて、けじめ

「遠近・他郷之無ニ**差別**一」（遠近・他郷の差別なく　→〈場所の〉遠近や他地域であるかという区別はしないで）

「私領・寺社領とも無ニ**差別**一廻村為レ致」（私領・寺社領とも差別なく廻村いたさせ　→私領や寺社領の区別なく廻村させ）

【仕合】（しあわせ）　［意］なりゆき、運命／処置・処理、始末、やり方／幸運、幸福

「斯之**仕合**ニ相成候」（斯（か）くの仕合せに相成り候　→このようなめぐり合わせになりました）

「公儀御**仕合**一段能御座候て」（公儀御仕合せ一段よくござ候て　→幕府のご処置がとりわけ宜し

くて）

「天気迄能、無二残所一**仕合**ニ候」（天気までよく、残るところなき仕合せに候　↓天気も良く、まったく幸運です）

「願之通り被二仰付一、難レ有**仕合**奉レ存候」（願いの通り仰せ付けられ、有り難き仕合せに存じ奉り候　↓願いの通り命じられまして、感謝すべき処置に思います／めったにない幸運に思います）

【仕着・仕着施・四季施】（しきせ）　［意］時候に応じて主人から奉公人に与えられた着衣

「御**仕着**之義ハ、夏単物壱ツ、冬袷壱ツ」（御仕着せの義は、夏単物（ひとえもの）一つ、冬袷（あわせ）一つ　↓お仕着せについては、夏は単物一着、冬は袷を一着）

「且又、**仕着施**之義も夏冬両度被レ下候積り御座候」（かつまた、仕着施の義も夏冬両度下され候つもりにござ候　↓さらに、仕着施も夏冬の二度いただける予定です）

「**四季施**、布子・単物共、栗梅小玉模様ニ染」（四季施、布子（ぬのこ）・単物とも、栗梅小玉模様に染め　↓仕着せは、布・単物とも、栗梅小玉の模様に染め）

【至極】（しごく）　［意］このうえないこと／了承すること、納得すること（↓副詞 p.107）

「拙寺江御寄進被二成下置一、冥加**至極**難レ有頂戴仕候」（拙寺へ御寄進成し下し置かれ、冥加至極有り難く頂戴仕り候 ↓拙寺へご寄進くださいまして、恩恵この上なくありがたく頂戴します）

「難儀**至極**仕候」（難儀至極仕り候 ↓困窮することこの上ありません）

「所を御払被レ成候御断**至極**仕」（所を御払いなされ候御断り至極仕り ↓所払いに処されるとのご判断について納得し）

【失却・失脚】（しっきゃく）

［意］費用、失費

「多分之**失却**相懸」（多分の失脚相懸り ↓多額の費用がかかり）

「夥敷**失脚**懸り困窮仕候」（夥(おびただ)しく失脚懸かり困窮仕り候 ↓はなはだ費用がかかり困窮しました）

【入魂】（じっこん・じゅこん）

［意］親密、懇意／口添え、依頼 ○「昵懇」の当て字

「**入魂**之間柄を以、是迄延置候」（入魂の間柄をもって、これまで延べ置き候 ↓親密な間柄なので、これまで〈返済を〉延期してきました）

「官位申受候節者御**入魂**之上」（官位申し受け候節は御入魂の上 ↓官位を申し受ける時はお口添えいただき）

【出来】（しゅったい・しゅつらい／でき）　［意］事が起きること、物事が出来上がること

「如何様成儀**出来**仕候共」（いかようなる儀出来（しゅったい）仕り候とも　↓どのようなことが起こっても）

「其節当人**出来**兼候ハヽ」（その節当人出来（でき）兼ね候わば　↓その時に当人ができないというならば）

【進退】（しんだい・しんたい）　［意］自由に支配すること、思うままに取り扱うこと／財産／身の処置、去就

「右場所一円貴殿**進退**之場所ニ付」（右場所一円（いちえん）貴殿進退の場所につき　↓右の場所全体はあなたの自由にできる場所ですので）

「明屋敷弐ヶ所、手侭ニ拾ヶ年も**進退**いたし」（明屋敷（あきやしき）弐ヶ所、手侭（てまま）に拾ヶ年も進退いたし　↓明屋敷二か所を、勝手に十か年間も自由に利用し）

「**進退**潰シ候者有レ之ハ」（進退潰し候者これあらば　↓財産を失う者があるならば）

【臓物】（ぞうもつ・ぞうぶつ）　［意］雑物とも。盗品。不正な手段で得た財産

「盗人之**臓物**見出し」（盗人の臓物見出（みい）だし　↓泥棒の盗品を見つけ出し）

【談合】（だんごう・だんじあい）　［意］話し合い、相談

「拙者共計り之**談合**ニ而差免し候」（拙者どもばかりの談合にて差し免し候　↓私たちだけの話し合いで許しました）

「村々**談合**決定ニ付、違変忘却致間敷候」（村々談合決定につき、違変忘却致すまじく候　↓村々の相談で決定したことなので、違反したり忘れたりしてはならない）

【停止】（ちょうじ）　［意］差し止め、禁止、中止

「諸株仲間・組合一統**停止**之旨被二仰出一」（諸株仲間・組合一統停止の旨仰せ出だされ　↓各種の株仲間や組合はすべて禁止と命じられ）

「徳川式部卿殿逝去ニ付、普請ハ今日より三日、鳴物ハ七日**停止**之事」（徳川式部卿殿逝去につき、普請は今日より三日、鳴物（なりもの）は七日停止のこと　↓徳川式部卿殿が逝去したので、普請は本日から三日間、鳴り物は七日間禁止とする）

「酒肴ニ而も持寄り売候儀、堅可レ為二**停止**一事」（酒肴（しゅこう）にても持ち寄り売り候儀、堅く停止たるべきこと　↓酒肴などを持ち寄って販売することは、強く差し止める）

【打擲】（ちょうちゃく）　［意］なぐること、たたくこと

「縦如何様成軽キ者ニ候共、**打擲**等堅仕間敷候」（たといいかようなる軽き者に候とも、打擲等

堅く仕るまじく候　↓たとえどのような身分の低い者でも、殴打などは決してしてはならない）

「鎌を以**打擲**仕、疵為レ負候段、御注進申上候」（鎌をもって打擲仕り、疵（きず）負わせ候段、御注進申し上げ候　↓鎌で叩き、傷を負わせたことを、報告いたします）

【途方・十方】（とほう）

［意］「十方」は当て字。めあて、手段、方法、道理

「**途方**暮、無二何与一騒立」（途方に暮れ、何となく騒ぎ立て　↓どう仕様もなくなり、何となく騒動を起こし）

「日々之暮方ニ茂差支、**十方**ニ暮」（日々の暮し方にも差し支え、十方に暮れ　↓毎日の生活にも支障があり、どうしてよいか手段がなく）

【直段】（ねだん）

［意］「値段」の当て字　○高い値段は「高直（こうじき・たかね）」、安い値段は「下直（げじき・したね）」

「当年米**直段**高直ニ罷成候ニ付」（当年米直段高直に罷り成り候につき　↓今年は米値段が高値になったので）

「追々諸色**直段**引下ケニ相成候由」（追々諸色直段引き下げに相成り候由（よし）　↓だんだんと諸品の値段が引き下げになったとのこと）

【発明】（はつめい）　［意］理解すること、道理を悟ること

「今更**発明**、先非後悔仕」（今更(いまさら)発明、先非後悔仕り　→今ごろ悟り、先非を悔いて）

「全不調法至極と**発明**仕」（全く不調法(ぶちょうほう)至極(しごく)と発明仕り　→本当に不調法このうえないと気が付き）

【夫食・夫喰】（ふじき）　［意］食糧、食べ物

「当年柄必至与差詰、**夫食**一向無レ之故」（当年柄ひっしと差し詰り、夫食一向これなきゆえ　→今年の状況は甚だ苦しく、食糧がまったくないので）

「差当り**夫喰**無レ之難儀仕候もの江」（差し当たり夫喰これなく難儀仕り候ものへ　→当面の食べ物がなく困窮している者に対し）

【実法】（みのり）　［意］穀物や草木が実を結ぶこと

「熟地之田畑ハ**実法**方宜敷」（熟地の田畑は実法方(かた)よろしく　→肥えた田畑は実り具合が良く）

「山之谷合ニ而、諸作物何品ニ而も一切**実法**不レ申」（山の谷合にて、諸作物何品(なにしな)にても一切実法申さず　→山の谷間であって、諸作物はどんなものもいっさい実らず）

【迷惑】（めいわく）

［意］困惑すること、途方に暮れること／謝罪、不名誉なこと／不快感をうけること

「拙者賄金ニ指詰り**迷惑**仕候」（拙者賄金（まかないきん）に指し詰り迷惑仕り候　↓私は生活費に窮して困惑しています）

「不吟味成ル致し方ニ付、**迷惑**申付候」（不吟味なる致し方につき、迷惑申し付け候　↓不十分な取り調べ方であるので、謝罪を命じました）

「難儀を被ニ申掛一、何共**迷惑**申候」（難儀を申し掛けられ、何とも迷惑申し候　↓言いがかりを付けられ、何とも不快です）

【利解・理解・利害・理害】（りかい・りがい）

［意］道理、わけ、説得、説諭

「御**利解**被ニ仰聞一候得共」（御利解仰せ聞けられ候えども　↓ご説諭を言い聞かされましたが）

「御**理解**之趣御尤ニ奉レ存候」（御理解の趣ご尤もに存じ奉り候　↓ご説得の趣旨はその通りと思います）

「慥成証拠ヲ以正路ニ**利害**ヲ記」（慥（たし）かなる証拠をもって正路（しょうろ）に利害を記し　↓確実な証拠をもって正しくことの道理を記し）

「私ゟ精々**理害**申聞候」（私より精々理害申し聞かせ候　↓私からよくよく道理を言い聞かせます）

（Ⅱ）形式名詞

「**形式名詞**」とは、実質的な意味がなく、または、本来の意味が希薄になり、かつ連体修飾語とともに使われる名詞のことです。例えば、「～内」「～事」「～時」「～処・所」「～筈」「～程」「～者」「～訳」などがあります。口語で例示しますと「海で泳ぐことが好きだ」の「こと」を形式名詞と言います。現代では平仮名で表記されることが多いかと思いますが、江戸時代の古文書では漢字表記となります。

【内】（うち）　○～候内、～之内、など

「御相談相済不レ申**候内**」（御相談相済み申さず候うち　↓ご相談が済まないうち）

「近々**之内**役儀御免願上度与奉レ存候」（近々のうち役儀御免願い上げたきと存じ奉り候　↓近いうちに免職を願い出たいと存じます）

【事】（こと）　○～候事、～之事、など

「妻子迄路頭ニ迷ひ**候事**不便候」（妻子まで路頭に迷い候事不便（ふびん）に候　↓妻子まで路頭に迷ったことは気の毒です）

「家業第一専要**之事**」（家業第一専要の事　↓家業を第一に考えることは極めて大事なことです）

【為】（ため）　（〜によって、〜に関して、〜という目的で、〜の利益となるよう）（↓動詞 p.22／助動詞 p.168／連語 p.232）

「**為**レ**其**、名主・五人組・鉄炮預り主手形指上申候」（そのため、名主・五人組・鉄炮預り主手形指し上げ申し候　↓それにより、名主・五人組・鉄炮預り主が手形を差し上げます）

「此段**為**レ**念**亦々御達し申上置候」（この段念のためまたまた御達し申し上げ置き候　↓この点を念のために重ねてお知らせしておきます）

「**為**二**後証之**一、訴答・仲人とも一同連印、済口証文指上」（後証のため、訴答・仲人とも一同連印、済口（すみくち）証文指し上げ　↓後の証拠となるように、訴訟人・返答人・仲裁人たち一同が連印し、済口証文を提出し）

【時】（とき）　○〜候時、〜之時、など

「夜九ツ時とも相成**候時**」（夜九ツ時とも相成り候時　↓夜九つ時にもなるとき）

「大坂一乱**之時**、十四才之齢」（大坂一乱の時、十四歳の齢（よわい）　↓大坂一乱〈夏の陣〉のときは十四歳）

【処(處)・所】(ところ)

○〜候処(所)、〜之処(所)、など

「右之段承知仕**候處**」(右の段承知仕り候ところ　→右の点を了解したが)

「名主を頼、前々通願**候処**ニ」(名主を頼み、前々通り願い候ところに　→名主を頼って、以前のように願ったが)

「今日参上仕候筈**之処**」(今日参上仕り候はずのところ　→本日お伺いする予定であるが)

「追々御吟味可レ奉レ請**候所**、扱人立入双方江異見差加」(追々御吟味請け奉るべく候ところ、扱人立ち入り双方へ異見差し加え　→引き続き取り調べを受けるはずのところ、仲裁者が入って〈訴答〉両者に意見し)

「全ク風聞而已ニ而、実々**之所**者不分明候」(全く風聞のみにて、実々のところは不分明に候　→全く噂だけで、本当のところはわかりません)

「依レ之、一同連印御受証文差上申**処**、如レ件」(これにより、一同連印御受け証文差し上げ申すところ、件の如し　→これにより、一同が連印し承諾証文を差し上げますところ、この通りです)

「永寄進被レ申**所**、仍而如レ件」(永く寄進申さるるところ、仍って件の如し　→永久に寄進されるところ、したがってこの通りです)

【筈】（はず）　○〜候筈、〜之筈、など

「印鑑与引替人馬差出**候筈**」（印鑑と引替人馬差し出し候はず　→印鑑と引き替えで人馬を提供するはず）

「今晩ハ尾道御泊り**之筈**」（今晩は尾道御泊りのはず　→今晩は尾道にお泊りの予定）

「自身番屋相建可レ申**筈**」（自身番屋相建て申すべきはず　→自身番屋を建てる予定）

【程】（ほど）　○〜候程、〜之程、など

「飢渇ニ茂及**候程**之者有レ之候」（飢渇にも及び候ほどの者これあり候　→飢渇状態になるほどの者がいます）

「後難**之程**難レ計候ニ付」（後難のほど計りがたく候につき　→後の災難の程度は予想できないので）

【者・物】（もの）　○者也、など

「庄屋・組頭迄可レ為ニ越度一**者也**」（庄屋・組頭まで越度（おちど）たるべき者なり　→庄屋・組頭まで処罰するものである）

「軽業・手踊抔名附而、随分内々出来る**物也**」（軽業（かるわざ）・手踊り抔（など）名付けて、随分内々できるものな

り　↓〈芝居興行は禁止だが〉軽業・手踊などと称して、非常に内々には可能なものである）

【**訳**】（わけ）　○～候訳、～之訳、など。

「内々之義も世間へ吹聴致**候訳**ニ相成り」（内々の義も世間へ吹聴致し候わけに相成り　↓内輪のことも世間へ言いふらすことになり）

「如何**之訳**ニ候哉」（いかがの訳に候や　↓どのような事情なのか）

（Ⅲ）代名詞

「**代名詞**」とは、人や物事などの名詞または名詞句の代わりに用いられる語で、「私」「我」「此方」「其方」など人物を指すものを「**人称代名詞**」といいます。これには、話し手自身を指す自称（一人称、わたくし・こなた）、相手を指す対称（二人称、あなた・そなた）、話し手や第三者を指す他称（三人称、このかた・そのかた・かれ）、不特定の人を指す不定称（どなた）があります。

また、物事・場所・方向を指すものを「**指示代名詞**」といいます。

【**私**】（わたし・わたくし）　〈自称〉

「**私**儀、平日家業不情ニ而、身持不埒ニ御座候」（私儀、平日家業不情（ぶしょう）にて、身持ち不埒（ふらち）にござ候 ↓私は、ふだん家業に精を入れず、素行が良くありません）

「**私**共一同立会、諸事取極仕来候」（私ども一同立会い、諸事取り極め仕（つかまつ）り来（きた）り候 ↓私たち全員立ち会い、いろいろ取り決めて来ました）

「**私**方江持参可レ被レ致候事」（私方へ持参いたさるべく候こと ↓私の方へ持参すること）

「前文之通、**私**家族末々迄茂可ニ申聞置一候」（前文の通り、私家族末々までも申し聞かせ置くべく候 ↓前文のように、私の家族全員に言い聞かせておきます）

【我】（**われ**） 〈自称〉 ○「我等」は原則として単数、複数は「我等共」

「此きち義、**我等**勝手ニ付離縁致候」（このきち義、我等勝手につき離縁致し候 ↓このきちは、私の都合によって離縁いたします）

「**我等**何方迄も罷出、吃度申披仕」（我ら何方（いずかた）までも罷り出で、きっと申し披（ひら）き仕り ↓私がどこへでも出頭し、必ず弁解して）

「**我等共**何方迄も罷出、急度申訳可レ仕候」（我等ども何方までも罷り出で、きっと申し訳仕るべく候 ↓私たちがどこへでも出掛けて、必ず弁明します）

【彼・渠】（かれ）　〈他称〉　（↓連体詞「彼」p.153）

「其侭被二差置一候ハヽ、**彼**必す承伏可レ仕」（そのまま差し置かれ候わば、彼必ず承伏仕るべし ↓そのままにしておけば、彼は必ず承知します）

「何れニ茂**彼等**心中之義難レ計」（何れにも彼ら心中の義計りがたし ↓いずれにせよ彼らの心のうちは見当もつかない）

「**渠等**方ゟ出訴等者不レ致趣」（渠ら方より出訴などは致さざる趣 ↓彼らの方からは訴え出るようなことはしないとのこと）

【此処・此所】（ここ）　［意］こちら、この場所　（⇕「其処・其所」p.89）

「**此処**江置候而者人目掛り不レ宜」（ここへ置き候ては人目掛り宜しからず ↓ここへ置いては人目に触れるのでよくない）

「願者、**此所**を右野之替りニ拝領仕候ハヽ」（願わくは、ここを右野の替りに拝領仕り候わば ↓望むところは、ここを右の野原の代りに拝領するならば）

【爰・茲】（ここ）　［意］こちら、この場所

「世挙云ひ伝へて知所なれハ、具ニ**爰に**不レ載」（世挙げ云い伝えて知るところなれば、具（つぶさ）にここに載せず　↓世間に広く喧伝され知られているので、詳しくはここに載せない）

「別有レ考、今略レ**茲**」（別に考えあり、今ここに略す　↓他に考えがあるので、今ここでは省略します）

【**此元・此許**】（ここもと）　［意］わたし、自分／こちら　（⇕「其元・其許」p.89）

「若忍ひ候て**此許**へ罷越候共」（もし忍び候てここ許へ罷り越し候とも　↓もしこっそりこちらへ来ても）

【**爰元・爰許**】（ここもと）　［意］わたし、自分／こちら　（⇕「其元・其許」p.89）

「**爰元**・拙家皆々無異罷在候」（ここもと・拙家（せっか）皆々無異（ぶい）罷り在り候　↓自分も家族もみんな無事に過ごしています）

「**爰許**御祝儀之砌」（ここもと御祝儀のみぎり　↓私の祝儀の際）

「**爰元**少も相替儀無ニ御座一候」（ここもと少しも相替る儀ござなく候　↓こちらは少しも変わったことはございません）

「縦**爰許**ニ居申候共」（縦（たと）いここもとに居り申し候とも　↓かりにこちらに居たとしても）

【此方】（このほう・こなた） ［意］この人、わたし／こちら （⇕「其方」p.89）

「御年貢・諸役・夫銭等、**此方**ニ而相勤可レ申候」（御年貢・諸役・夫銭等、此方にて相勤め申すべく候 ↓年貢・諸役・夫銭などは、わたしが負担します）

「乱妨ニも及候ハヽ、**此方**よりも鉄炮等相用候而不レ苦候」（乱妨にも及び候わば、この方よりも鉄炮等相用い候て苦しからず候 ↓乱暴に及んだならば、こちらから鉄砲などを使っても構わない）

【此・是・之・茲】（これ） （⇕「其・夫」）p.90／↓副詞「此」p.104／↓連体詞「此」p.156）

「**此**以前之寺跡、少分之所荒地ニ成り」（これ以前の寺跡、少分の所荒地になり ↓以前あった寺の跡地が、少しの場所ですが荒地になり）

「猥りニ御政事相立候事、**是**第一ヶ条也」（猥りに御政事相立て候こと、これ第一ヶ条なり ↓勝手に政策を実施したこと、これが〈罪状の〉第一か条である）

「上田弐反四畝歩、**是**ハ前々御年貢御引被レ下候」（上田弐反四畝歩、これは前々御年貢お引き下され候 ↓上田二反四畝歩、これは以前から年貢を免除していただいています）

「**是等**をは奉行たる人篤と了簡して」（これらをば奉行たる人篤と了簡して ↓これらのことを

奉行である人はしっかりと考慮して）

「裁許状等有レ之候ハヽ、写持参可レ有レ之候」（裁許状等これあり候わば、写し持参これあるべく候　→裁許状などが存在するならば、写本を作って持参するように）

「難儀当惑仕候、依レ之無二是非一御訴訟奉二申上一候」（難儀当惑仕り候、これにより是非なく御訴訟申し上げ奉り候　→苦労し途方に暮れています。このため仕方なく訴訟いたします）

「御定之賃銭取レ之、可二継送一候」（お定めの賃銭これを取り、継ぎ送るべく候　→規定の賃銭を受け取って、〈荷物を〉継ぎ送るように）

「若シ無レ謂高直致シ候之者於レ有レ之者、可レ為二曲事一者也」（もし謂れなく高直(たかね)致し候の者これあるにおいては、曲事(くせごと)たるべきものなり　→もし理由なく高値に〈売買〉する者がいれば、罪科に処するものである）

「不行届之儀無レ之共難レ申」（不行届(ふゆきとど)きの儀これなくとも申しがたく　→不行届きのことがないとも言えなくて）

「御合力之儀最前被二仰聞一候、因レ茲扶持方米可レ被二相送一段御承知」（御合力(ごうりき)の儀最前仰せ聞けられ候、これにより扶持方米相送らるべき段御承知　→ご援助のことは今しがた聞かされました。このため扶持方米を送付することを承知しました）

【其処・其所】（そこ）　［意］そちら、その場所　（⇕「此処・此所」p.85）

「自今以後ハ**其所**ニ而快方いたし」（自今以後はそこにて快方いたし　↓今後はそちらで介抱して）

【其元・其許】（そこもと・そのもと）　［意］その人、あなた／そちら　（⇕「此元・此許」p.86）

「私持高之内高二升、**其元**江譲渡」（私持ち高のうち高二升、そこもとへ譲り渡し　↓私の所持する高のうち二升をあなたに譲り渡し）

「不ニ取敢一先**其許**江謝辞申入度、如レ此候」（取りあえず先ずそのもとへ謝辞申し入れたく、かくのごとくに候　↓取り敢えずまずあなたへ謝辞を申し入れたく、この通りです）

「**其元**迄片道之路銀相渡候条」（そこもとまで片道の路銀相渡し候条（じょう）　↓そちらまでの片道の旅費を渡すので）

【其方】（そのほう・そなた）　［意］その人、あなた／そちら　（⇕「此方」p.87）

「**其方**勝手次第何方江縁付候共、我等申分無レ之」（その方勝手次第何方（いずかた）へ縁付き候とも、我ら申分（もうしぶん）これなし　↓あなたの思うままにどこへ嫁いでも、私は異議ありません）

「**其方**江少シ茂御苦労掛ケ申間鋪候」（その方へ少しも御苦労掛け申すまじく候　↓あなたへ少し

もご心配をお掛けしません）

【其・夫】（それ）

（⇕「此・是・之・茲」 p.87／↓連体詞「其」 p.160）

「護国院江　御墓参、其ゟ大乗院江墓参」（護国院へご墓参、それより大乗院へ墓参　↓護国院へ墓参し、それから大乗院へ墓参し）

「夫ニ而も、望ニ存候者ハ」（それにても、望みに存じ候者は　↓それでも、希望する者は）

「夫ニ付、此上水方御陣屋何方江御立被レ成候共」（それにつき、この上水方御陣屋何方（いづかた）へお立てなされ候とも　↓そういうことなので、これ以上は水方陣屋をどこにお建てなさっても）

（三）その他の自立語

（Ⅰ）副　詞（連用修飾語）

「副詞」とは、文中で他の言葉の意味をより詳しく説明する品詞です。それだけで意味が分かる言葉、つまり自立語で、活用がなく主語にはなりません。主として用言（動詞、形容詞、形容動詞）を修飾する語彙（連用修飾語）です。

分かりやすく「頓而罷出候」という文章で説明しますと、「頓而（やがて）」が状態・時間を表わす言葉で、後の「罷出候（まかりいでそうろう）」という用言を含む文節を修飾しています。この「頓而」のように、下の動詞・形容詞（用言）などを修飾する言葉を副詞といいます。

江戸時代の古文書に表れる数多い副詞を、後に来る語句をどのように修飾するかによって、a．状態、b．程度、c．陳述・呼応、d．並列・付加、e．時間、d．その他、に分類して紹介します。

現代では、副詞は「はなはだ・いよいよ・たちまち・つぶさに」などのようにひらがなで表記することが多いのですが、江戸時代の古文書では漢字で書かれることが一般的です。右に挙げた副詞で言うと「甚・弥・忽・具」となります。

a．状　態

状態の副詞とは、用言（主に動詞）を含む文節を修飾し、物事・動作がどの様な状態（有り様・様子・仕方）なのかを表わす副詞のことです。「どんなふうに」「どのように」「どのような」という意味を含みます。

【旁・旁々・方々】（かたがた）　［意］あれこれと、さまざまに、いずれにしても　（→接尾語「旁・旁々」p.222）

「廉々掛合候処、**旁**不当之挨拶有レ之候ニ付」（かどかど掛け合い候ところ、かたがた不当の挨

拶これあり候につき　↓いろいろ談判したところ、あれこれと不当な返答があったので）

「妻子扶助不二相成一、**旁々**村々難渋ニ付」（妻子扶助相成らず、かたがた村々難渋につき　↓妻子の扶養も叶わず、どのみち村々も困窮しており）

「**旁以**難義之趣、小前一同申レ之候間」（かたがたもって難義の趣、小前一同これを申し候あいだ　↓いずれにしても迷惑とのこと、小前一同が主張するので）

「田地荒申仕合、**方々以**迷惑仕候間」（田地荒らし申す仕合せ、かたがたもって迷惑仕り候あいだ　↓田地を荒らすような始末で、あれこれと困惑していますので）

【曾・曾而・且而】（かつて）

［意］（打消の語を伴って）いまだに、一度も、全然、決して〜ない

「入札等仕候儀、**曾**無二御座一候」（入札（いれふだ）等仕り候儀、かつてござなく候　↓入札などをしたことは、一度もございません）

「御願申上候得共、**曾而**御聞入も無二御座一」（御願い申し上げ候えども、かつて御聞き入れもござなく　↓お願いしましたが、いまだにご承諾いただけず）

「不レ依二何事一奢ケ間敷儀、**曾而**致間敷候」（何事によらず奢りがましき儀、かつて致すまじく候　↓何ごとによらず贅沢めいたことは、決してしてはいけない）

「**且而**承知無レ之趣、村役人共ゟ訴出」（かつて承知これなき趣、村役人どもより訴え出（い）で　↓まっ

たく承知しないとのことを、村役人たちから訴え出て)

【兼々】(かねがね)　[意] 以前から、あらかじめ、兼ねて

「火元之義ハ、**兼々**厳敷被二仰渡一有レ之候処」(火元の義は、かねがね厳しき仰せ渡されこれあり候ところ　→火元については、兼ねて厳しい命令があるが)

「不用之人馬呼出、留メ置候義も有レ之趣、**兼々**相聞江候」(不用の人馬呼び出し、留め置き候義もこれある趣、かねがね相聞こえ候　→〈宿場が助郷村から〉必要のない人馬を徴発し、留め置いていることがあると、以前から耳に入っている)

【兼而】(かねて)　[意] 事前に、前もって、あらかじめ

「**兼而**相達置候通」(兼ねて相達し置き候通り　→前もって通達しておきましたとおり)

「心得違無レ之様、**兼而**可二申聞一」(心得違いこれなきよう、兼ねて申し聞かすべし　→心得違いがないように、あらかじめ言い聞かせなさい)

【急度・屹度・屹与・吃度・吃与】(きっと)　[意] 厳しく、しっかりと、きつく／必ず、確かに

「**急度**相勤可レ申候」(きっと相勤め申すべく候　→しっかり勤めます)

「不埒ニ付、一同**急度**御叱り被ㇾ置候」（不埒につき、一同きっと御叱りおかれ候　↓不埒なので、全員きびしく叱責されました）

「**屹与**可㆓申付㆒候」（きっと申し付くべく候　↓厳しく命じます）

「今般**吃度**御簡略被㆓仰出㆒」（今般きっと御簡略仰せ出だされ　↓この度厳しく倹約を命じられた）

「加印之者立入、**屹度**埒明可ㇾ申候」（加印の者立ち入り、きっと埒明け申すべく候　↓判を押した者が仲裁に入って、必ず決着をつけます）

【嘸／嘸々】（さぞ／さぞさぞ）　［意］本当に、さだめし

「不慮之儀ニ而、**嘸**御驚察入候」（不慮の儀にて、さぞ御驚き察し入り候　↓思いがけないことで、本当に驚きのことと推量いたします）

「**嘸々**御心配御座候儀与奉㆓推察㆒候」（さぞさぞ御心配ござ候儀と推察奉り候　↓さだめしご心配であろうと察し入ります）

【定而】（さだめて）　［意］はっきりと、かならず、きっと

「**定而**頭取も有ㇾ之、申合等も可ㇾ有ㇾ之与」（定めて頭取もこれあり、申し合わせ等もこれあるべきと　↓必ず〈一揆の〉頭取もいて、申し合わせなどもあるだろうと）

「**定而**御承知可レ被レ下と奉レ存候」（定めて御承知下さるべきと存じ奉り候　→きっとご承知くださるだろうと思います）

【聢与】（しかと）　［意］はっきりと、たしかに、しっかりと

「**聢与**相分り候ニ付」（聢と相分り候につき　→はっきりと分りましたので）

「**聢与**取極之趣ヲ以」（聢と取り極めの趣をもって　→しっかりと取り決めた内容により）

【実々】（じつじつ）　［意］本当に、まことに、疑いなく

「**実々**病死与相心得、葬式世話等仕候得共」（実々病死と相心得、葬式世話等仕り候えども　→疑いなく病死と思い、葬式の世話などをしましたが）

「尤、**実々**上納出来兼候義ニ候得者」（尤も、実々上納出来(でき)かね候義に候えば　→ただし、本当に上納できないとのことならば）

【実・実ニ】（じつに）　［意］実際に、まことに、非常に

「荒銅三貫七拾目余ニ相成、**実ニ**高直ニ罷成」（荒銅三貫七拾目余りに相成り、実に高直(こうじき)に罷り成り　→荒銅が三貫七十目余りになり、とても高値になり）

【実以】（じつもって） ［意］まったく、はなはだ、本当に

「**実以**不便至極奉ㇾ存候ニ付」（実もって不便至極に存じ奉り候につき →本当に気の毒なことこの上なく思いますので）

「猶又奉ㇾ願上ㇾ候茂、**実以**奉ㇾ恐入ㇾ候得共」（なおまた願い上げ奉り候も、実もって恐れ入り奉り候えども →このうえお願いするのも、はなはだ恐縮ですが）

【惣而】（そうじて） ［意］だいたい、一般に、概して／すべて、全部で

「**惣而**後日出入不ㇾ出来ㇾ様、諸事入ㇾ念可ㇾ申事」（惣じて後日出入出来せざるよう、諸事念を入れ申すべきこと →概して後に争いが生じないよう、諸事に念を入れること）

「操、**惣而**見世物の類有之節、罷越間敷候」（操り、惣じて見世物の類これある節、罷り越すまじく候 →操り〈を始め〉、すべて見世物の類の催しがあっても、出掛けてはいけない）

【慥・慥ニ】（たしかに） ［意］確実な、正確な、間違いなく

「右之通り、**慥**受取申候」（右の通り、慥かに受け取り申し候 →右のとおり、確かに受け取りました）

「只今**慥ニ**請取申候所、実正ニ御座候」（ただ今慥かに請け取り申し候ところ、実正（じっしょう）にござ候　↓ただ今間違いなく受け取りましたことに、偽りはありません）

【遂・遂ニ・終・終ニ】（ついに）　［意］結局、終わりに、とうとう

「**遂ニ**大小差出し相侘（詫）候」（ついに大小差し出し相詫び候　↓結局大刀・小刀を差し出しお詫びしました）

「慈悲も余り過れば、**終**上を恐れさる様相成」（慈悲も余り過ぎれば、ついに上を恐れざるよう相成り　↓慈悲も必要以上になれば、最後には主君を軽んずるようになり）

「病気差起り、**終ニ**死去被ㇾ致」（病気差し起こり、ついに死去致され　↓病気に罹（かか）り、とうとう亡くなられ）

【得与・篤与・疾与】（とくと）　［意］念を入れて、よく注意して、よくよく

「小前之者共江**得与**申聞」（小前の者どもへとくと申し聞かせ　↓小前百姓たちへよくよく言い聞かせ）

「入津之度毎ニ**篤と**相改」（入津（にゅうしん）（にゅうつ）のたびごとにとくと相改め　↓入港のつど念を入れて検査し）

「組下百姓江**疾ト**申聞」（組下百姓へとくと申し聞かせ　↓組下の百姓へよくよく言い聞かせ）

【礑与】(はたと)　[意] まったく、すっかり

「**礑与**詰り、申口難二相立一儀ニ而」(はたと詰り、申し口相立ち難き儀にて →まったく窮して、言っていることが成り立たないことで)

「**礑与**差支、難渋至極仕」(はたと差し支え、難渋至極仕り →すっかり困窮し、生活が苦しいことこの上ありません)

【只管・只顧】(ひたすら)　[意] いちずに、ただただ

「御聞済被二成下置一候様、一同**只管**奉二願上一候」(御聞き済み成し下し置かれ候よう、一同ひたすら願い上げ奉り候 →ご承諾くださいますよう、一同ただただお願い申し上げます)

「**只顧**御歎願相願呉候様私方へ取縋り」(ひたすら御歎願相願いくれ候よう私方へ取り縋(すが)り →いちずにご歎願をお願いしてくれるように私を頼り)

【必至与】(ひしと・ひっしと)　[意] 甚だしいさま、必ずや

「**必至与**夫食ニ差詰り、葛根・蕨根等堀(掘)取」(必至と夫食(ふじき)に差し詰り、葛根(くずね)・蕨根(わらびね)など掘り取り →甚だしく食料に窮し、葛や蕨の根を掘り取って)

「山稼不調法之百姓者、**必至と**難儀仕候御事」（山稼ぎ不調法（ぶちょうほう）の百姓は、必至と難儀仕り候御こと　↓山稼ぎの不得手な百姓は、必ずや苦労することである）

【不図・不斗・風与・与レ風・風得】（ふと）

〔意〕突然に、即座に、偶然に、不意に、とっさに

「**不図**一覧致候間、写置候」（ふと一覧致し候あいだ、写し置き候　↓偶然に目にしたので、書き写しておきました）

「立枯木切取候処、**不斗**御召捕ニ相成」（立枯れ木伐り取り候ところ、ふと御召捕に相成り　↓立枯れた木を伐り取ったところ、即座に逮捕となり）

「当正月**風与**家出致候ニ付」（当正月ふと家出致し候につき　↓今年の正月に突然家出をしたので）

「**与レ風**出火仕候ニ付」（ふと出火仕り候につき　↓にわかに出火したので）

「私共両人**風得**酒給候上」（私ども両人ふと酒給（た）べ候上　↓私たち二人は図らずも酒を飲んだうえ）

【誠・誠ニ・寔・寔ニ】（まことに）

〔意〕本当に、じつに、実際に

「**誠ニ**致二困窮一罷在候」（誠に困窮致し罷り在り候　↓本当に生活が行き詰っています）

「**誠ニ以**一言之申訳無二御座一」（誠にもって一言の申し訳ござなく　↓本当に一言の弁解もございません）

「寔ニ不慮之儀ニ付、永々懸ニ御苦労ニ」(寔に不慮の儀につき、ながなが御苦労を懸け　↓本当に思いがけないことで、ながいあいだご苦労をかけ)

「寔以冥加至極、難レ有仕合ニ奉レ存候」(寔にもって冥加至極、有り難き仕合わせに存じ奉り候　↓まことに恩恵この上なく、とても幸運に存じ上げます)

【猥ニ】(みだりに)

［意］むやみやたらに、勝手気ままに、分別なく

「猥ニ伐採申間敷候」(猥りに伐り採り申すまじく候　↓勝手気ままに伐り採りません／伐り採ってはいけない)

「向後絹市場作法、猥ニ不ニ相成一様」(向後絹市場作法、猥りに相成らざるよう　↓今後絹市場のしきたりが、いいかげんにならないように)

【頓而・軈而】(やがて)

［意］まもなく、そのうち

「頓而埒明可レ申候」(やがて埒明申すべく候　↓まもなく解決するでしょう)

「軈而可レ被ニ召出一候」(やがて召し出ださるべく候　↓そのうち召し出されます)

b. 程度

程度の副詞というのは、状態・性質の程度を詳しく表す副詞のことです。主に用言（動詞・形容詞・形容動詞）を修飾して、物事の様子が「どのくらい、どれくらい」の程度かを説明します。用言のほかに、体言（名詞）や他の副詞も修飾します。

【粗・粗々・荒々】（**あらあら**）　［意］およそ、ざっと、概略、だいたい

「殺生御禁断之様ニ、**粗**承り申候」（殺生(せっしょう)御禁断のように、あらあら承(うけたまわ)り申し候 ↓殺生禁止であるように、おおよそ承知しています）

「**粗々**御用済ニも相成候」（あらあら御用済みにも相成り候 ↓だいたいご用済みになりました）

「此度之御用筋、**荒々**承知仕候」（この度の御用筋、あらあら承知仕り候 ↓この度の御用については、ざっと承知しました）

【聊】（**いささか**〈も〉）　［意］少しも～ない　（↓形容詞・形容動詞 p.55）

「貴殿江**聊**御苦労相掛ヶ申間敷候」（貴殿へ聊か御苦労相掛け申すまじく候 ↓あなたへ少しもご苦労をおかけしません）

「双方**聊**無二申分一和融・内済仕」（双方聊か申分（もうしぶん）なく和融・内済仕り　→両者が少しも不満なく和解して解決し）

「是迄**聊も**争論無二御座一候」（これまで聊かも争論ござなく候　→これまで少しも争い事はございません）

「**聊以**相違無レ之」（聊かもって相違これなく　→少しも間違いなく）

【至而】（いたって）

［意］きわめて、非常に

「和七義者**至而**不情ものニ而、農業も相励不レ申候」（和七義は至って不情（ぶしょう）ものにて、農業も相励み申さず候　→和七はとても不精者であり、農業にも精を出しません）

「宝永四年富士山砂降ニ而、**至而**地味悪敷相成候」（宝永四年富士山砂降りにて、至って地味悪しく相成り候　→宝永四年富士山噴火の降灰で、極めて地質が悪くなりました）

【一円】（いちえん）

［意］すべて、ことごとく／まったく、いっこうに、全然

「**一円**延引ニ相成、甚不レ宜候間」（一円延引（えんいん）に相成り、甚だ宜（よろ）しからず候あいだ　→ことごとく延期になって、とても良くないので）

「**一円**取用不レ申候」（一円取り用い申さず候　→まったく聞き入れません）

【一向】（いっこう）　［意］すべて、まったく、少しも～ない／ひたすら

「**一向**埒明不レ申候」（一向埒明け申さず候　↓少しも決着がつきません）

「六七月大切之時節、水一**向**無レ之候故」（六七月大切の時節、水一向これなく候ゆえ　↓六、七月の大切な時期に、水がまったくないので）

「一**向**御頼申入候処」（一向御頼み申し入れ候ところ　↓ひたすらお頼み申し入れましたところ）

【一切】（いっさい）　［意］すべて、まったく、全然～ない

「御年貢皆納無レ之以前、米穀他所江一**切**出不レ申」（御年貢皆納これなき以前、米穀他所へ一切出し申さず　↓年貢を皆納する前に、米穀を他所へまったく出しません）

「此持林ニ付、故障申もの一**切**無二御座一候」（この持ち林につき、故障申す者一切ござなく候　↓この持ち林について、文句を言う者は全くいません）

【弥・弥々・愈・愈々】（いよいよ）　［意］その上、より一層、ますます

「向後**弥**無二油断一吟味仕」（向後いよいよ油断なく吟味仕り　↓今後いっそう油断せず調査し）

「被二仰出一候趣**弥々**堅相守」（仰せ出だされ候趣いよいよ堅く相守り　↓命じられたことをより

一層しっかり守り）

「**愈**御安勝御迎歳被ㇾ成」（いよいよ御安勝に御迎歳（げいさい）なされ　↓ますますお心安く新年を迎えられ）

「**愈々**御勇健ニ御勤役被ㇾ為ㇾ遊、奉二珍賀一候」（いよいよ御勇健に御勤役遊ばせられ、珍賀奉り候　↓ますますお元気にお勤めなされ、よろこばしく存じ上げます）

「別段御触茂有ㇾ之候間、**弥以**堅相守可ㇾ申事」（別段御触もこれあり候あいだ、いよいよもって堅く相守り申すべきこと　↓別途お触もあるので、ますます厳重に守ること）

「**愈以**村内も不二相納（治）一候ニ付」（いよいよもって村内も相治まらず候につき　↓いっそう村内もまとまらないので）

【此・斯】（かく）

［意］こう、このように、そう　（↓代名詞「此」p.87／連体詞「此」p.156）

「御引渡帳面**如**ㇾ**此**ニ候得共」（御引渡帳面かくのごとくに候えども　↓お引渡し帳面はこのようですが）

「**如**ㇾ**此**御訴訟申上候」（かくのごとく御訴訟申し上げ候　↓このように訴訟申し上げます）

「御由緒有増、**如**ㇾ**斯**御座候」（御由緒あらまし、かくのごとくござ候　↓由緒の概略は、このようでございます）

「**斯**不ㇾ致共、如何様ニも取計可ㇾ有ㇾ之処」（かく致さずとも、いかようにも取り計らいこれある

べきところ　→そうしなくても、どのようにも配慮があるだろうが）

【堅】（かたく）

［意］しっかり、厳重に、かならず、まったく

「御家之御作法**堅**為二相守一可レ申候」（御家の御作法堅く相守らせ申すべく候　→貴家のご作法をしっかり守らせます）

「取繕ケ間敷儀**堅**可レ為二無用一候」（取り繕いがましき儀堅く無用たるべく候　→その場しのぎのようなことは決してしてはいけない）

【可成・可也・ケ成・仮成】（かなり）

［意］相当に、ひととおり、まずまず

「**可成**相暮候百姓壱人も無二御座一候」（かなり相暮らし候百姓壱人もござなく候　→けっこう良い暮らしをしている百姓は一人もおりません）

「政右衛門者当時**可也**有福(裕)ニ取廻し居候様子」（政右衛門は当時かなり裕福に取り廻し居り候様子　→政右衛門は現在かなり裕福に暮らしている様子）

「麦作幷諸作柄**ケ成**ニ実法候」（麦作ならびに諸作柄かなりに実法(みのり)候　→麦や諸作物が相当に稔りました）

「身上向**仮成**之者に有レ之」（身上向きかなりの者にこれあり　→生活ぶりはまずまずの者です）

【極而】（きわめて）　［意］この上なく、非常に、とりわけ、そのうえ

「**極**而御面倒恐入候得共、御一報被レ下候歟」（極めて御面倒恐れ入り候えども、御一報下され候歟（か）　↓とてもご面倒なことで恐縮ですが、ご一報頂けませんか）

【悉】（ことごとく）　［意］すべて、残らず／非常に、たいそう／確かに、はっきりと

「今般**悉**相改、不レ残帰郷可レ被ニ仰付一処」（今般悉く相改め、残らず帰郷仰せ付けらるべきところ　↓この度すべて調査し、残らず帰郷を命じられるべきだが）

「**悉ク**疲労いたし、取臥薬用罷在候」（悉く疲労いたし、取り臥（ふ）せ薬用罷り在り候　↓非常に疲労し、寝込んで薬を飲んでいます）

「区別**悉**有レ之而已ならす」（区別悉くこれあるのみならず　↓区別がはっきりしているのみでなく）

【殊・殊ニ】（ことに）　［意］とりわけ、とくに、その上

「**殊ニ**海際ニ而度々破損いたし」（殊に海際にてたびたび破損いたし　↓とくに海際なので何度も〈堤防が〉破損し）

「**殊ニ**人の死生ニもかゝわる事成れば」（殊に人の死生にもかかわることなれば　↓そのうえ人

の生死にも関わることなので）

【更ニ】（さらに）　［意］その上、いっそう／少しも〜ない、いっこうに

「**更ニ**無二余儀一年月を相過し候」（更に余儀なく年月を相過し候　↓その上仕方なく年月を過ごしました）

「再三異見差加へ候得共、**更ニ**改心不レ仕」（再三異見差し加え候えども、さらに改心仕らず　↓再三忠告しましたが、いっこうに改心せず）

【頻・頻ニ】（しきりに）　［意］たびたび、何度も、ひどく

「**頻**故郷江罷帰度段願候ニ付」（頻りに故郷へ罷り帰りたき段願い候につき　↓たびたび故郷へ帰りたいと願うので）

「**頻ニ**風聞有レ之候間」（頻りに風聞これあり候あいだ　↓何度も噂がありましたので）

【至極】（しごく）　［意］このうえなく、非常に、まったく　（↓名詞p.72）

「枝郷之者**至極**困窮仕」（枝郷の者至極困窮仕り　↓枝郷の者がこのうえなく困窮し）

「**至極**迷惑ニ奉レ存候」（至極迷惑に存じ奉り候　↓非常に迷惑に思います）

「申談候処、**至極**致二承知一」（申し談じ候ところ、至極承知いたし　↓話しをしたところ、まったく承知し）

【悉皆】（しっかい）

［意］残らず、すっかり、まるで、全然

「此後年々**悉皆**買上ヶ候ニ付」（この後年々悉皆買い上げ候につき　↓今後は毎年残らず買い上げますので）

「早々罷越、**悉皆**可二申上一候」（早々罷り越し、悉皆申し上ぐべく候　↓すぐに出掛けて、すべて申し上げます）

【屡・屡々】（しばしば）

［意］たびたび、何度も

「**屡**及二審問一候得共、終ニ何分之申立無レ之」（しばしば審問に及び候えども、ついに何分（なにぶん）の申し立てこれなく　↓たびたび問い糾しましたが、結局何の主張もなく）

「此節、城下ニ**屡々**火災有」（この節、城下にしばしば火災あり　↓近頃、城下で頻繁に火災があり）

【重々】（じゅうじゅう）

［意］かさねがさね、よくよく、とても

「**重々**申訳無レ之奉二恐入一候」（重々申し訳これなく恐れ入り奉り候　↓とても申し訳なく恐縮い

たします）

「山中ト唱候郷辺**重々**之地震と相見得」（山中と唱え候郷辺り重々の地震と相見え　↓山中という郷のあたりで何度も地震があったらしく）

【頗】（すこぶる）　［意］はなはだ、よほど、非常に、少し、いささか

「**頗ル**一同勉励致シ申候間」（頗る一同勉励致し申し候あいだ　↓たいそう一同努力したので）

「朝夕者**頗**覚二涼気一候」（朝夕は頗る涼気を覚え候　↓朝夕はとても涼しさを感じます）

【都而】（すべて）　［意］ことごとく、おしなべて／けっして、まったく

「当秋作者**都而**旱損ニ付」（当秋作（あきさく）はすべて旱損（かんそん）につき　↓今年の秋の収穫はことごとく日照りの被害を受け）

「**都而**引請取計可レ申候」（すべて引き請け取り計らい申すべく候　↓全部引き受けて処置します）

「**都而**御法度筋之儀仕間敷候」（すべて御法度筋の儀仕（つかまつ）るまじく候　↓けっして禁止されていることは致しません）

「**都而**主人之為を不レ存筋違之仕方」（すべて主人のためを存ぜざる筋違いの仕方（しかた）　↓まったく主人の利益を考えない見当違いの行為で）

【精々・情々】（せいぜい）

［意］よくよく、できるだけ、懸命に

「是又**精々**酒造人共心得違無レ之様」（これまたせいぜい酒造人ども心得違いこれなきよう　↓これもできるだけ酒造人たちに心得違いのないよう）

「何事ニ不レ寄**精々**理解申聞、内済為レ致」（何ごとによらずせいぜい理解申し聞け、内済（ないさい）致させ　↓どんなことでもよくよく説得し、和解させ）

「盗人者入寺為レ致、**情々**相詫可レ申候」（盗人は入寺（にゅうじ）致させ、せいぜい相詫び申すべく候　↓盗人は入寺させて、心から謝罪するようにしなさい）

「無二異失一**情々**可レ致義ニ者候へ共」（異失なくせいぜい致すべき義には候らえども　↓間違いなく懸命に行うべきことではあるが）

【鳥渡・一寸】（ちょっと）

［意］わずか、少し

「**鳥渡**御頼申上候」（ちょっと御頼み申し上げ候　↓すこしお頼みします）

「当村ニ於テ熊打取候始末**鳥渡**申上候」（当村において熊打ち取り候始末ちょっと申し上げ候　↓当村で熊を打ち取った顚末を少し話します）

「此段**一寸**申上候」（この段ちょっと申し上げ候　↓このことを少し申し上げます）

「宿内親類・近敷方江一寸見舞」（宿内（しゅくない）親類・近しき方へちょっと見舞い　↓宿内の親類や親しい人をちょっと見舞い）

【具・具ニ】（つぶさに）　［意］こまかく、ことごとく、詳しく、完全に、ていねいに

「具村役人共ゟ申上候処」（つぶさに村役人どもより申し上げ候ところ　↓ていねいに村役人たちから申し上げたところ）

「百姓共江具ニ申聞」（百姓どもへつぶさに申し聞け　↓百姓たちにこまかく言い聞かせ）

「倒死候もの有レ之節者、具ニ改レ之」（倒死（たおれじに）候者これある節は、つぶさにこれを改め　↓倒れ死した人がいましたら、詳しく検査し）

【迚茂】（とても）　［意］何にしても、どうせ、しょせん、結局　（↓助詞 p.181）

「迚茂廻船渡世相続難二相成一候儀ニ付」（とても廻船渡世相続相成りがたく候儀につき　↓何にしても廻船業を継続することはできないので）

「迚も農業而已ニ而者渡世難二相成一」（とても農業のみにては渡世相成り難く　↓しょせん農業だけでは生活できず）

【尚・猶／尚々・猶々】（なお／なおなお）　[意] さらに　（↓接続詞 p.145）

「雨晴候得共、風**猶**烈敷」（雨晴れ候えども、風なお烈しく　↓雨は上がったが、風は更に激しく）

「名主役を兼相勤候ハヽ、**猶々**権威を振ひ可レ申」（名主役を兼ね相勤め候わば、なおなお権威を振るい申すべし　↓名主役を兼務したならば、ますます権威を振るうだろう）

「**尚以**、扇子二本致二進上一候」（なおもって、扇子二本進上いたし候　↓さらに、扇子二本を贈呈いたします）

【就中】（なかんずく）　[意] とりわけ、ことさら、とくに、その中で、まず

「近年物価高直ニ相成、**就中**米価格別ニ引上ケ」（近年物価高直（こうじき・たかね）に相成り、就中米価格別に引き上げ　↓最近物価が高くなり、その中で米価がとくに上がり）

「近来世上一統と者申なから、**就中**関東筋村々別而奢ニ長じ」（近来（きんらい）世上一統とは申しながら、就中関東筋村々別して奢りに長じ　↓近ごろ世上全体とはいうものの、とりわけ関東地方の村々はとくに贅沢が甚だしく）

【成丈】（なるたけ）　[意] できる限る、なるべく

「壱汁壱菜ニ致し、**成丈**倹約相用可レ申事」（壱汁壱菜に致し、なるたけ倹約相用い申すべきこと　→一汁一菜にして、なるべく倹約すること）

「**成丈**ヶ手軽ニ相賄」（なるたけ手軽に相賄（まかな）い　→できる限り簡単に世話をし）

【可レ成丈】（なるべくだけ）　［意］なるべく、できるだけ　○「成丈（なるたけ）」に同じ

「御城内召連候供之者も、**可レ成丈**相減可レ申候」（御城内召し連れ候供の者も、なるべくだけ相減らし申すべく候　→ご城内に召し連れる供の者も、できるだけ減らしなさい）

「**可レ成丈**ヶ穏便柔和ニ申諭」（成るべくだけ穏便・柔和に申し諭し　→できるだけ穏やかにやさしく言い聞かせ）

【甚・太】（はなはだ）　［意］普通でない、大変、非常に　（→形動「甚」p.64）

「無レ拠御年貢金ニ差支、**甚**タ難儀之由」（拠所（よんどころ）なく御年貢金に差し支え、甚だ難儀の由（よし）　→やむを得ず年貢金の上納が滞り、大変困っているとのこと）

「難所ニ而牛馬**甚**不自由ニ候」（難所にて牛馬甚だ不自由に候　→難所なので牛馬の通行が非常に不便です）

「**甚以**心外千万、実ニ歯ヲ喰縛居候」（甚だもって心外千万、実に歯を喰い縛り居り候　→大変

に残念なことこの上なく、実に歯を食い縛っています）

「**太**以不レ可レ然」（太だもって然るべからず　→大変よくないことである）

【偏・偏ニ・一重ニ】（ひとえに）

［意］いちずに、ひとすじに、もっぱら、ひたすら

「無二此上一茂御慈悲与、**偏**難レ有仕合奉レ存候」（この上もなき御慈悲と、偏に有り難き仕合わせに存じ奉り候　→この上もないご慈悲を受け、ひたすらありがたき幸運に思います）

「何分御聴届被二下置一候様ニ、**偏ニ**奉二願上一候」（何分御聴き届け下し置かれ候ように、偏に願い上げ奉り候　→どうかお聞き届けくださいますよう、ひたすらお願い申し上げます）

「御吟味之上、御裁許一**重ニ**奉二願上一候」（御吟味の上、御裁許一重に願い上げ奉り候　→取り調べの上、判決のほどひたすらお願い致します）

【殆・殆与】（ほとんど）

［意］おおかた、大部分／本当に、非常に

「**殆**牛通行無レ之場所」（殆ど牛通行これなき場所　→おおかた牛の通行はない場所）

「往還之旅人**殆**与難渋不レ少」（往還の旅人殆ど難渋少なからず　→道中の旅人は大部分が苦心しています）

「公事訴訟事多く、是には**殆**飽果候事也」（公事訴訟事多く、これには殆ど飽き果て候ことなり

↓公事訴訟ごとが多く、これには本当にいやになります）

【益・益々・倍】（ますます）

［意］いよいよ、はなはだしく、いっそう

「脱走廿人程馳加り、**益**勢ひ強く」（脱走廿人ほど馳せ加わり、ますます勢い強く　↓脱走した二十人ほどが加わり、いよいよ勢いが増し）

「**益々**御安全之由、奉㆓賀上㆒候」（ますます御安全の由（よし）、賀し上げ奉（たてまつ）り候　↓ますますご健康の様子、お慶び申し上げます）

「**倍**御安泰被㆑成㆓御勤㆒」（ますます御安泰御勤め成され　↓いっそうご無事でお勤めなされ）

【毛頭】（もうとう）

［意］少しも〜ない、まったく、いささかも

「此書面之通、**毛頭**相違無㆓御座㆒候」（この書面の通り、毛頭相違ござなく候　↓この書面通りで、全く間違いありません）

「身持不埒成儀**毛頭**不㆑仕」（身持ち不埒なる儀毛頭仕らず　↓行状の良くないことは決してせず）

【尤】（もっとも）

［意］いかにも、本当に／非常に、とりわけ　（↓接続詞 p.151）

「御平安之由、**尤**珍重存候」（御平安の由、尤も珍重に存じ候　↓安らかにお過ごしとのこと、本

当に結構に存じます）

「村方役人中ゟ惣百姓江被二申聞一候儀、**尤**至極ニ存候」（村方役人中より惣百姓へ申し聞かされ候儀、尤も至極に存じ候　↓村役人から惣百姓へ言い聞かされたことは、いかにもその通りに思います）

「**尤**大切之御年貢之事故」（尤も大切の御年貢のことゆえ　↓とても大事なお年貢のことですので）

【能々・克々】（よくよく）　［意］念には念を入れ、十分に

「**能々**致二得心一候様ニ読聞セ可レ申候」（よくよく得心致し候ように読み聞かせ申すべく候　↓十分に納得するように読み聞かせなさい）

「名主支配限**能々**可二申諭一」（名主支配ぎりよくよく申し諭すべし　↓名主の支配ごとに十分言い聞かせなさい）

「一同**克々**相談之上」（一同よくよく相談の上　↓全員で十分に相談したうえで）

C. 陳述・呼応

陳述の副詞は、後に受ける言葉に一定の言い方を要求する言葉で、話し手の態度や様々な気持ちを表します。陳述の副詞を受けて一定の言い方で結ぶことを「副詞の呼応」と言います。江戸

時代の古文書では、後で受ける言葉が確定していない場合や省略される場合もあります。呼応する言葉の内容により、打消、仮定、当然、疑問・反語などに分類します。

【豈】（あに〜や） ［意］なんで、どうして、なにも ［反語］

「**豈**永ク保得んや」（あに永く保ちえんや →どうして永久に保てようか）

「列藩上座ニモ可レ被二仰付一之処、**豈**図ンヤ 大坂城江引取候旨趣」（列藩上座にも仰せ付けらるべきのところ、あに図(はか)らんや、大坂城へ引き取り候旨趣(ししゅ) →列藩の上座にも命じられるべきところ、なんと意外なことに、大坂城へ退去するとのこと）

【如何】（いかが〜や） ［意］どう〜か、どのように〜か ［疑問・反語］

「**如何**之存寄ニ候哉」（如何の存じ寄りに候哉 →どんな考えでしょうか）

「**如何**相心得候や、役儀相渡シ不レ申」（如何相心得候や、役儀相渡し申さず →どのように考えているのか、〈名主の〉役儀を渡しません）

【未】（いまだ〜ず） ［意］（打消の語を伴って）まだ、今もなお 〈再読文字〉 ［打消］

「**未**レ得二貴意一候得共、以二手紙一致二啓達一候」（未だ貴意を得ず候えども、手紙をもって啓達致

し候　↓未だ面識を得ていませんが、お手紙を差し上げます）

「日限者**未**二相知一候得共」（日限は未だ相知れず候えども　↓日限はいまだ分りませんが）

「**未**御沙汰無二御座一候得共」（未だ御沙汰ござなく候えども　↓まだご命令がありませんが）

「**未タ**行衛相分り兼候旨申越候」（未だ行衛(ゆくえ)相分りかね候旨申し越し候　↓今もなお行方が分からないと知らせてきました）

【絶而】（**たえて～ない**）　［意］少しも、まったく～ない　［打消］

「掃部頭殿死去之後も**絶而**悔悟之心無レ之」（掃部守(かもんのかみ)殿死去の後も絶えて悔悟の心これなく　↓掃部守殿の死後もまったく悔悟の気持ちがなく）

「陳者、近頃ハ**絶而**御無音罷過」（のぶれば、近ごろは絶えて御無音(ごぶいん)に罷り過ごし　↓申し上げますが、近ごろは全くご無沙汰しており）

【仮(假)令・縦・縦令・譬】（**たとい〈ひ〉～とも**）　［意］もし、たとえ、かりに　［仮定］

「**仮令**年季質物ニ入候とも、拾ヶ年を不レ可レ過」（たとい年季質物に入れ候とも、拾ヶ年を過ぐべからず　↓もし年季を限って質物に入れる場合も、十か年を過ぎてはいけない）

「**假令**家主・親類・縁者・好身之ものニ御座候共」（たとい家主・親類・縁者・好身(よしみ)の者にござ候とも

↓かりに家主・親類・縁者・親しい者であっても）

「**縦**出入ニ罷成候共、取上ケ不レ申候事」（たとい出入（でいり）に罷り成り候とも、取り上げ申さず候こと ↓かりに訴訟になっても、取り上げないこと）

「**縦令**御用之義たりといふとも、名主・与頭へ印形渡し候義堅仕間敷候事」（たとい御用の義たりといふとも、名主・与頭（くみがしら）へ印形（いんぎょう）渡し候義堅く仕るまじく候こと ↓たとえ御用に関わることであっても、名主・組頭へ印形を預けることは絶対にしないこと）

「**譬**如何様之狼藉ニ及候共」（たといいかようの狼藉（ろうぜき）に及び候とも ↓もしどのような暴力を働こうとも）

【若】（**もし〜は〈ば・ならば〉**）　［意］かりに、もしも、万一　［仮定］

「**若**脇より於レ致ニ露顕一者」（もし脇より露顕致すにおいては ↓もし他から発覚したならば）

「**若**不埒之儀有レ之者、穿鑿之上越度可ニ申付一候事」（もし不埒（ふらち）の儀これあらば、穿鑿（せんさく）の上越度（おちど）申し付くべく候こと ↓万一不届きなことがあったら、取り調べた上で処罰を命じる）

【若又・若亦】（**もしまた〜は〈ば・ならば〉**）　［意］もし、もしさらに、あるいは　［仮定］

「**若又**非分成儀有レ之者、其訳百姓方〆急度可レ訴候」（もしまた非分なる儀これあらば、その

訳百姓方よりきっと訴うべく候　→もし不正なことがあったら、その様子を百姓側から必ず訴えなさい)

「若亦行暮候節者、一宿御頼申候」(もしまた行き暮れ候節は、一宿御頼み申し候　→もし日が暮れたならば、一晩の宿泊を頼みます)

【努々・夢々】(ゆめゆめ〜ない)　[意]　つとめて、決して〜ない、まったく〜ない　[打消]

「努々他之綺不レ可レ有レ之」(ゆめゆめ他の綺いこれあるべからず　→決して他からの干渉はありません)

「夢々不レ存、十六七日過」(ゆめゆめ存ぜず、十六、七日過ぎ　→まったく知らずに、十六、七日が過ぎ)

d.　並列・付加

前の文と同列のことを挙げたり、付け加えたりする副詞です。「且」「又」などは並立・付加の接続詞としても用いられますが、副詞としても使われます。

【重而】(かさねて)　[意]　ふたたび、さらに、今後

「重而如何様成小手形出候共可レ為二反故一」（重ねていかようなる小手形出し候とも反故たるべし　→さらにどのような小手形を出しても無効です）

「能々入レ念、重而六ヶ敷儀無レ之様可レ仕事」（能々念を入れ、重ねて難しき儀これなきよう仕るべきこと　→十分に念を入れ、今後煩わしいことがないようにすること）

【且】（かつ）　［意］一方、同時に、すでに、すぐに、わずかに　（→接続詞 p.143）

「代々之追福、且武門永久ヲ主与シ、一寺被レ致二建立一」（代々の追福、かつ武門永久を主とし、一寺建立いたされ　→代々の冥福を祈り、同時に武門の永遠を主目的に、一寺を建立され）

【且者・且ハ】（かつは）　［意］一方では、他面では　（→接続詞 p.143）

「且者為二寺之一、且者為二仏法繁昌之一被レ下候寺領也」（かつは寺のため、かつは仏法繁昌のため下され候寺領なり　→一方では寺のため、他方では仏法繁昌のために与えられた寺領である）

【又・亦／又々・亦々】（また／またまた）　［意］ふたたび、再度、同じく　（→接続詞「又・亦」p.148）

「時宜ニ寄、又被二仰出一候品も可レ有レ之候」（時宜により、また仰せ出だされ候品もこれあるべく候　→状況によっては、さらに申し付けられる場合もあるだろう）

「角力・人形芝居ノ類一切許サス、町**亦**同シ」(角力(すもう)・人形芝居の類一切許さず、町また同じ　↓〈在方での〉角力や人形芝居の類は一切許可しない。町方も同様である)

「絹役上納仕候所、**又々**判銭出シ申候而者、惣百姓永々迄も迷惑ニ奉レ存候」(絹役上納仕り候ところ、またまた判銭出し申し候ては、惣百姓永々までも迷惑に存じ奉り候　↓絹役を上納しているのに、さらに加えて判銭を出しては、惣百姓が末々までも困惑すると思います)

「翌八日大雨ニ付、**亦々**同日逗留致させ」(翌八日大雨につき、またまた同日逗留(とうりゅう)いたさせ　↓翌八日は大雨で、ふたたびその日滞在させ)

e. 時　間

時間に関わる副詞は、用言(主に動詞)を含む文節を修飾し、物事・動作の時間的経過を表します。

【今更】(**いまさら**)　[意] 今になって、今はじめて

「**今更**先非後悔仕り」(今さら先非(せんぴ)後悔(こうかい)仕り　↓今になって過ちを後悔し)

「**今更**急度改候程之重筋にも無レ之」(今さらきっと改め候ほどの重き筋にもこれなく　↓今になって厳しく取り調べるほどの重大なことでもなく)

【今以】（いまもって）　[意] 今でも、いまだに

「**今以**行衛相知不レ申候」（今もって行衛(ゆくえ)相知れ申さず候　↓今でも行方がわかりません）

「**今以**不納致居候者利解申聞」（今もって不納致し居り候者利解申し聞け　↓いまだに年貢を納めない者に説諭し）

【追々】（おいおい）　[意] だんだん、次第に、引き続いて

「篤与申聞候所、**追々**発明、難レ有承伏仕」（とくと申し聞け候ところ、おいおい発明、有り難く承伏仕(つかまつ)り　↓よくよく言い聞かせたところ、だんだん理解し、感謝して納得し）

「**追々**厳寒ニも差向ひ候時節」（おいおい厳寒にも差し向かい候時節　↓次第に厳寒にも向かう季節）

【追而】（おって）　[意] のちほど、近々、近いうち

「**追而**可レ及二沙汰一候」（追って沙汰に及ぶべく候　↓近いうちに命令があります）

「保字小判・壱分判之儀ハ、**追而**停止可レ被二仰出一候」（保字小判・壱分判の儀は、追って停止(ちょうじ)仰せ出(い)だされるべく候　↓保字小判・一分判は、近々使用の禁止が命じられます）

【先達而】（さきだって）　［意］まえもって、あらかじめ　（↓せんだって p.126）

「書面之条々無二相違一様、**先達而**可レ被二申触一候」（書面の条々相違なきよう、先だって申し触れらるべく候　↓書面の各条文について間違いがないよう、あらかじめ知らせなさい）

【直ニ】（じきに・ただちに）　［意］すぐに、間を置かずに、即刻　（↓じかに p.129）

「甚不法之致方、難レ得二其意一、**直ニ**右村名主半兵衛方江断」（甚だ不法の致し方、その意を得がたく、直に右村名主半兵衛方へ断り　↓とても不法な行為で、意図が分からないので、すぐに右村の名主半兵衛へ連絡し）

【暫】（しばらく）　［意］少しの間、ちょっと

「**暫**御気も遠く罷成候処」（暫く御気も遠く罷り成り候ところ　↓ちょっと気を失いかけたところ）

「栄五郎義、**暫**本家ニて世話為レ致」（栄五郎義、暫く本家にて世話致させ　↓栄五郎は、少しの間本家で面倒を見させ）

【爾(尓)来】（じらい）　［意］以来、その後、それから、

「**爾来**益御清寧、奉二拝賀一候」(爾来ますます御清寧、拝賀し奉り候 ↓その後ますます安らかに過ごされ、お慶び申し上げます)

「**爾来**弥御清勝之段、欣幸之至ニ候」(爾来いよいよご清勝の段、欣幸の至りに候 ↓その後いよいよご清勝のことと、喜びこの上ありません)

【既・既ニ・已・已ニ】(すでに)　[意] すっかり、もはや、まもなく、まさに、ちょうど

「**既**五人組帳之内ニも大小之百姓五人組を究置」(すでに五人組帳の内にも大小の百姓五人組を究め置き ↓まさに五人組帳にも〈ある通り〉すべての百姓を五人組に編成して)

「**既ニ**其筋江御願立」(すでにその筋へ御願い立て ↓もはや関係方面へ願いを起こし)

「示談行届兼、**既ニ**文助ゟ奉二出訴一候ニ付」(示談行き届き兼ね、すでに文助より出訴奉り候につき ↓和解がうまくいかず、もはや文助が出訴しましたので)

「引合ニ相成、**已ニ**及二出入ニ一可レ申処」(引合に相成り、すでに出入に及び申すべきところ ↓争いになり、まさに訴訟になりそうであったが)

【速ニ】(すみやかに)　[意] さっそく、すぐに

「何卒**速ニ**御下知被レ下度候」(何卒速やかに御下知下されたく候 ↓どうかすぐにご指示をくだ

さい）

「可₂相成₁**速ニ**御帰京相成度企（希）望仕候」（相成るべく速やかに御帰京相成りたく希望仕り候 ↓なるべく早く帰京できるように希望します）

【先達而】（せんだって）

［意］さきごろ、先日（↓さきだって p.124）

「其儀**先達而**内談極メ候ニ付」（その儀先だって内談極め候につき ↓その件は先頃内談して決めましたので）

「**先達而**触置候通り可₂申聞₁候」（先だって触れ置き候通り申し聞かすべく候 ↓先日触れ置いた通り言い聞かせなさい）

【忽・乍】（たちまち）

［意］すぐに、急に、即座に（↓接続助詞「乍」p.199）

「若於₂違犯之輩₁者、**忽**可ᵣ被ᵣ処₂厳科₁者也」（もし違犯の輩においては、たちまち厳科に処せらるべき者なり ↓もしも違反の者については、即座に厳罰に処せられる）

「乍ᵣ去、**忽**争端を開き」（去りながら、たちまち争端を開き ↓しかしながら、急に争いになり）

「**乍**御聞、右之始末御糺ヲ請」（たちまち御聞き、右の始末御糺しを請け ↓すぐにお耳に入り、右の事情について取り調べを受け）

【適】（たまたま）　［意］偶然、時折り、折よく

「昨日参殿仕候処、**適**御他出中ニ而不レ得ニ拝鳳一」（昨日参殿仕り候ところ、たまたま御他出中にて拝鳳（はいほう）を得ず　→昨日参殿したところ、偶然外出中でお目に掛かれませんでした）

「**適**無ニ余儀一子細有レ之」（たまたま余儀なき子細これあり　→偶然やむを得ない事情があり）

【又候・亦候】（またぞろ）　［意］再び、なんとまたも、またしても

「論所見直シ被レ下候様ニ、**又候**名主方へ相願申候ニ付」（論所見直し下され候ように、またぞろ名主方へ相願い申し候につき　→論所を見直して下さいますよう、またしても名主方へ願いましたので）

「其後**亦候**銭百四拾八文ツヽ、両度村中軒別ニ取集候」（その後またぞろ銭百四拾八文ヅツ、両度村中軒別に取り集め候　→その後再び銭百四十八文ずつ、二回にわたり村中から家単位に徴収しました）

【漸】（ようやく）　［意］しだいに、だんだん、やっと、かろうじて、徐々に

「国々湯治場等ニおゐて療養差加、**漸**此節快方」（国々湯治場等において療養差し加え、漸くこ

の節快方　↓各地の湯治場などで療養して、やっとこの時期に回復し）

「今日を茂漸送候者ニ御座候得者」（今日をも漸く送り候者にござ候えば　↓今日をかろうじて過ごしている者でございますので）

【漸々】（ようよう）　［意］　次第に、だんだん、やっと、かろうじて、徐々に

「**漸々**内済仕、難レ有奉レ存候」（ようよう内済仕（つかまつ）り、有り難く存じ奉り候　↓やっと内済し、うれしく思います）

「掛合ニ及、**漸々**示談行届キ」（掛け合いに及び、ようよう示談行き届き　↓協議を行い、漸く和解がうまくゆき）

f．その他

以上のほかにも、副詞には様々な状況・条件により数多くの語彙が使われますが、ここではその一部を示します。

【剰】（あまつさえ）　［意］　それでなく、その上、さらに、そればかりか　［状況］

「差紙再三ニ及候而茂不二罷出一、**剰**断茂不二申越一者茂有レ之」（差紙再三に及び候らいても罷り出

です、剰え断りも申し越さざる者もこれあり　→呼出状が何度も来ているのに出頭せず、そればかりか連絡もしてこない者もあり）

「人足役をも不ㇾ相勤、剰預ヶ置候山ニ而我侭立木伐荒候由」（人足役をも相勤めず、剰え預け置き候山にて我侭に立木伐り荒し候よし　→人足役をも勤めないで、そのうえ預けて置いた山で勝手に立木を伐り荒したとのこと）

【直ニ】（じかに）　［意］直接に、じきじきに　［干渉］　（→じきに p.124）

「御評席於ㇾ脇之御席一、御直ニ御尋之趣左之通ニ御座候」（御評席脇の御席において、御直に御尋ねの趣左の通りにござ候　→評定所の脇の席において、じきじきにお尋ねのことは左の通りです）

【互ニ】（たがいに）　［意］交互に、それぞれ　［関係・関連］

「家内互ニ堪忍致し合、永ク睦キ事第一ニ候」（家内互いに堪忍致し合い、永く睦きこと第一に候　→家族はお互いに我慢し合い、長く仲の良いことが第一です）

【何故】（なにゆえ）　［意］どうして、どういうわけで、なぜ　［心情］

「**何故**調印不レ致候哉与相尋候処」（何ゆえ調印致さず候哉(や)と相尋ね候ところ　↓なぜ印を押さないかと尋ねましたところ）

【畢竟】（ひっきょう）　［意］つまりは、つまるところ、結局は

「**畢竟**支配役所を蔑ニいたし、不レ恐レ上」（畢竟支配役所を蔑(ないがしろ)にいたし、上(かみ)を恐れず　↓結局は支配役所を軽んじ、上を恐れない）

「入作共出作共入石とも、**畢竟**同事ニ而御座候」（入作(いりさく)とも出作(でさく)とも入石(いりこく)とも、畢竟同じことにてござ候　↓入作や出作や入石とも、つまりは同じことである）

【平ニ】（ひらに）　［意］どうか、なにとぞ、ひたすら　［干渉］

「両人茂実ニ申訳無レ之、**平ニ**堪忍いたし呉候様ニと」（両人も実に申し訳これなく、平に堪忍いたしくれ候ようにと　↓二人とも実に申し訳なく、どうか許してくれるようにと）

【矢張】（やはり）　［意］やっぱり、やはり　［思量］

「**矢張**、先達而相頼置候者之内、庄左衛門ニ相違無ニ御坐一候」（やはり、先だって相頼み置き候者のうち、庄左衛門に相違ござなく候　↓やっぱり、先だって頼んで置いた者のうち、庄左衛門

に間違いありません）

（Ⅱ）接続詞

「**接続詞**」とは、自立語で活用がなく、前後の文・文節をつなぎ、その論理関係を示す品詞です。また、単独で接続語になり、文章を分かり易くする言葉です。a順接、b逆接、c並立・付加、d選択、e補足、f追加、に分類して紹介します。

a．順接

順接の接続詞というのは、前後の語句・文の接続の仕方の一つで、原因や理由などを示す内容が前の文にあり、後の文が結果や結論になる形です。

【仍レ之・依レ之・因レ之・依レ茲・因レ茲】（**これにより**）［意］これによって、これゆえに、このため

「御触之通小前末々迄為二読聞一急度相守可レ申候、**仍レ之**拙者共御請印形奉二差上一候」（御(お)触(ふれ)の通り小前末々(こまえすえずえ)まで読み聞かせ急度(きっと)相守り申すべく候、これにより拙者ども御請印形(おうけいんぎょう)差し上げ奉り候　→お触の通りすべての百姓に読み聞かせ必ず守ります。これゆえ私たちが承諾の印形を提出

します）

「重々恐入一言之申訳無二御座一候、**依**レ**之**近所・組合一同再応御詫奉二申上一候」（重々恐れ入り一言の申し訳ござなく候、これにより近所・組合一同再応御詫び申し上げ奉(たてまつ)り候 ↓とても恐縮で一言の言い訳もございません。したがって近所・五人組一同が再びお詫び申し上げます）

「御牽馬者無レ之（中略）、**因**レ**之**厩之御用意御止ニ成候事」（御牽馬(ひきうま)はこれなく、これにより厩(うまや)の御用意御止めになり候こと ↓牽(ひ)いていく馬はなく、このため厩の用意は中止とすること）

「利益あらん事決定疑ひあるへからす、**依**レ**茲**我は詣ふてける」（利益(りやく)あらんこと決定(けつじょう)疑いあるべからず。これにより我は詣でける ↓利益があることは確実で疑いありません。それゆえ私は参詣しました）

「御進発御日限も被二仰出一候御義、**因**レ**茲**此節御暇被レ下候様奉レ願候」（御進発御日限も仰せ出だされ候御義、これによりこの節御暇(おいとま)下され候よう願い奉り候 ↓〈京都へ〉出発の日程も公表され、したがってこの度お暇をくださいますようお願いいたします）

【扨・扠・偖】（さて）

［意］そうして、それから、ところで、一方では

「**扨**、御厨其外相模国江御山之焼砂ヲ降ス事如二大雨之一」（さて、御厨(みくりや)そのほか相模国(さがみのくに)へ御山の焼砂(やけすな)を降らすこと大雨のごとし ↓ところで、御厨のほか相模国へ富士山の火山灰が降ること大

雨の様です）

「**扠**、三人之内甚介今以不レ帰候故、如何申訳可レ致哉」（さて、三人のうち甚介今もって帰らず候ゆえ、いかが申し訳致すべきや　↓それから、三人のうち甚介が今もって帰らないので、どう釈明をしようか）

「**偖**、夫々親類・近所之人打寄相談致し」（さて、それより親類・近所の人打ち寄り相談致し　↓そうして、それから親類・近所の人が集まり相談し）

「**扨又**、芝草代之儀者、壱川下ケニ付金拾両つゝ相渡シ申筈ニ相定申候」（さてまた、芝草代の儀は、壱川下げにつき金拾両づつ相渡し申すはずに相定め申し候　↓それから、芝草代については、一回の川下げに当たり金十両ずつ支払うことに取り決めました）

【然者・然ハ】（しからば／しかれば）［意］そうであるならば（仮定条件）／そうであるからには（確定条件）／さて、ところで

「～ならば」「そうであるならば」と仮定の意味で使用する場合は、「しからば」と未然形に読みます。一方、これを「～なので」「そうであるからには」と確定の意味で使用する場合は、「しかれば」と已然形に読むので注意が必要です。仮定なのか確定なのかは、前後の意味を丁寧にとっていく必要があります。また、「しかれば」は、話題を転換する意味でも使われます。

「無二是悲(非)一御添状なしに罷下り候与申上候得者、**然者**当地之宿ハ何れニ居ル哉与御尋被レ成候」（是非なく御添状なしに罷り下り候と申し上げ候えば、然らば当地の宿は何れに居る哉と御尋ね成され候　↓仕方なく添状なしで出発しましたと申し上げますと、ならば当地の宿はどちらですかとお尋ねになりました）

「右直段ヲ以被二仰付一候、**然者**御薪随分大切ニ仕」（右直段をもって仰せ付けられ候、然れば、御薪随分大切に仕り　↓右の値段で〈御薪の駄賃を〉命じられました。そうであるので御薪をとても大切にし）

「刈敷・落葉可レ取場所一切無レ之候、**然ハ**百姓耕作ニ障り」（刈敷・落葉取るべき場所一切これなく候、然れば百姓耕作に障り　↓刈敷・落葉を採取できる場所がまったくありません。そのため百姓は耕作に支障が生じ）

「以二廻文一得二御意一候、**然者**今日大出水相成様子ニ而、増水強ク御座候間」（廻文をもって御意を得候、然れば今日大出水相成る様子にて、増水強くござ候あいだ　↓廻文にてご挨拶申し上げます。ところで今日大出水になったらしく、増水が甚だしくございますので）

「一筆致二啓上一候、**然ハ**在中宗門御改無レ滞相済」（一筆啓上いたし候、然れば在中宗門御改め滞りなく相済み　↓お手紙を差し上げます。さて村々の宗門改めが順調に終了し）

【然上者・然上ハ・然ル上者・然ル上ハ】（しかるうえは）　［意］そうであるからには、それゆえ

「**然上者**、此儀ニ付双方共ニ重而御訴申出間敷候」（然るうえは、この儀につき双方ともに重ねて御訴え申し出づまじく候　↓そうであるからには、このことにつき両者ともにさらに訴え出ることはしません）

「御赦免被二成下一難レ有仕合ニ奉レ存候、**然上ハ**向後法外成義不レ仕」（御赦免成し下され有り難き仕合わせに存じ奉り候、然るうえは向後法外なる義仕らず　↓お許し下さいましてとても幸運に存じます。それゆえ今後は法に反することはせず）

「離別いたし候処相違無レ之、**然ル上者**向後何方へ縁組致候共申分無レ之」（離別いたし候と ころ相違これなし。然るうえは向後何方へ縁組いたし候とも申分これなく　↓離別したことは間違いありません。それゆえ今後どこに縁組しようとも異議はなく）

「先非後悔奉二恐入一候、**然ル上ハ**以来役儀大切ニ相勤」（先非後悔恐れ入り奉り候、然るうえは以来役儀大切に相勤め　↓先非を反省しお詫びいたします。そうしたからには今後は役儀をしっかりと勤め）

【随而】（したがって）　［意］それゆえ、それだから、それによって

「永々御厚情ニ預り難レ有千万奉二拝謝一候、**随**而何之風情茂無二御座一候得共、粗末之晩餐呈上仕度」（永々御厚情に預り有り難く千万拝謝奉り候、随って何の風情もござなく候えども、粗末の晩餐呈上仕りたく →永々とご厚情を賜りこの上なくありがたく感謝いたします。そこで何の風情もありませんが、粗末な晩餐を差し上げたく）

「御取合奉レ頼候、**随**而乍二御六ヶ敷一以二一書一申上候」（御取り合わせ頼み奉り候、したがって御むずかしきながら一書をもって申し上げ候 →仲介を頼みます。それゆえご面倒をお掛けしますが書面にて申し上げます）

【則・即】（すなわち）

［意］つまり、そこで、そして、すぐに、それゆえ

「右之もの宗旨代々浄土宗ニ而、**則**拙寺旦那ニ紛無二御座一候」（右の者宗旨代々浄土宗にて、すなわち拙寺旦那に紛れござなく候 →右の者の宗旨は代々浄土宗で、そして当方の寺の檀家に間違いありません）

「源太郎者十九才之折、**即**天保三辰年家出いたし」（源太郎は十九歳の折り、すなわち天保三辰年家出いたし →源太郎は十九歳の折り、つまり天保三辰年に家出し）

【次・次ニ】（つぎに）

［意］それから、つづいて

「**次**御菓子一折、進二覧之一候」（つぎに御菓子一折、これを進覧候　↓つづいてお菓子一折りをお贈りします）

「御年貢無二差支一御上納仕、**次ニ**身上取続罷有候所」（御年貢差し支えなく御上納仕り、つぎに身上取り続き罷り有り候ところ　↓年貢をきちんと納入し、それから生活を維持していましたが）

【仍・仍而・依・依而・因・因而】（よって）

［意］したがって、そこで、そうであるからには

「為レ其百姓御訴印形差上申所、**仍**如レ件」（そのため百姓御訴え印形差し上げ申すところ、仍って件の如し　↓そのために百姓がお訴えの印形を差し上げますことは、この通りです）

「甚御首尾能候、**仍而**申進候」（甚だ御首尾能く候、仍って申し進らせ候　↓たいへんうまくいきました。そこで申し伝えます）

「落城不レ仕、**依**近所之寺院を頼扱を入」（落城仕らず、よって近所の寺院を頼み扱いを入れ　↓落城せず、そこで近所の寺院を頼んで仲裁を試み）

「**依而**、為二後日一一同連印頼一札差出申処、如レ件」（よって、後日のため一同連印頼み一札差し出し申すところ、件の如し　↓したがって、のちの証拠として皆が連印した頼み証文を差し出すことは、この通りである）

「因而、其名ヲ小間使与唱申候」（よって、その名を小間使（こまづかい）と唱え申し候　→そこで、その〈職の〉名称を小間使いと称します）

【仍而者（ハ）・依而者（ハ）・因而者（ハ）】（よっては）

［意］したがって、そこで、そうであるからには

「貴殿江御預ヶ申候、仍而者右被二申渡一候通（中略）聊違約致間敷候」（貴殿へ御預け申し候、よっては右申し渡され候通り聊（いささ）か違約致すまじく候　→貴殿へ〈下知書の本紙を〉お預けいたします。そうであるからには〈下知書で〉申し渡された通り少しも違反してはいけません）

「一同恐悦奉二承伏一候、依而ハ村方一同義（議）定連印仕差上可レ申候」（一同恐悦承伏奉り候、よっては村方一同議定連印仕り差し上げ申すべく候　→全員恐れ入って承知しました。そこで村の全員が取り決め連印して〈議定書を〉提出します）

「寄人足五百人之由申来候、因而者先達而御対談通りニてハ人足相足不レ申」（寄せ人足五百人の由申し来り候、よっては先だって御対談通りにては人足相足り申さず　→調達する人足は五百人と言ってきました。そうすると先日の相談通りにては人足が不足し）

b. 逆　接

こちらは順接とは逆で、前に受ける事柄と相反する事柄が後にくることを示します。

【乍レ去】（さりながら） 〔意〕 そうではあるが、しかしながら、とにかく

「厚ク手当可レ有レ之旨被二仰出一候事ニ候、**乍レ去**一ト通手厚与而已ニ而」（厚く手当これあるべき旨仰せ出だされ候ことに候、さりながら一通り手厚くとのみにて ↓十分な費用の用意がある旨を命じられました。しかし一応十分というだけで）

「右之通りニ而可レ然奉レ存候、**乍レ去**思召次第宜敷御取計可レ被レ下候」（右のとおりにてしかるべく存じ奉り候、さりながら思し召し次第よろしくお取り計らい下さるべく候 ↓右のとおりで結構と存じます。とはいえお考えに従って宜しくお取り計らいください）

【併】（しかし） 〔意〕 そうではあるが、けれども ○「しかしながら」とも

「老人等駕籠ニ而登城致し候義ハ可レ為二勝手次第一、**併**供連之義ハ格外省略致し召連候様可レ被レ致候」（老人等駕籠にて登城致し候義は勝手次第たるべし、併し供連れの義は格外省略致し召し連れ候よう致さるべく候 ↓老人らは駕籠で登城するのは自由である。けれども供連れはとくに切り詰めて召し連れるようにしなさい）

「難義いたし候事有レ之者可二申出一レ之、**併**申出べきいハれも無レ之、自分勝手ニよろしき儀計願出るニ於てハ取上無レ之候事」（難儀いたし候ことこれあらばこれを申し出づべし、しか

し申し出づべき謂れもこれなく、自分勝手によろしき儀ばかり願い出るにおいては取り上げこれなく候こと　↓困ったことがあるならば申し出なさい。そうではあるが申し出る理由がなく、自分に都合が良いことばかり願い出るのは取り上げない）

【乍レ併・乍レ然】（しかしながら）　［意］そうではあるが、けれども

「人数取極無レ之方可レ然哉、**乍レ併**此儀者役所ニ而者敢而存寄無レ之事」（人数取り極めこれなき方然るべきや、しかしながら、この儀は役所にては敢えて存じ寄りこれなきこと　↓人数の取り決めはない方がよいか。けれども、このことは役所では特に意見はないとのこと）

「**乍レ然**、数年開来田地者其儘可二差置一レ之」（しかしながら、数年開き来る田地はそのままこれを差し置くべし　↓そうではあるが、数年の間に開発した田地はそのままにしておくように）

【雖レ然】（しかりといえども）　［意］そうであっても

「誠ニ以御恩沢広大無量難レ有義ニ有レ之候、**雖レ然**何時何様之事変可二出来一も難レ計」（誠にもって御恩沢広大無量有り難き義にこれあり候、然りといえども、いついかようの事変出来すべきも計りがたく　↓じつにご恩沢は果てしなく広大でありがたいことです。そうは言っても、いつ、どんな事変が起きる分からず）

「耕作も可レ難レ成義分明ニ候、**雖**レ**然**小作田地為レ作候ニ付而者」（耕作もなりがたかるべき義分明に候、しかりといえども、小作田地作らせ候については　↓耕作も難しいだろうことは明らかです。そうであっても小作として田地を耕作させることに関しては）

【然処・然ル処・然所・然ル所】（しかるところ）

［意］ところが、しかし、ところで、それなのに

「**然処**、私儀も先年焼失いたし」（しかるところ、私儀も先年焼失いたし　↓ところが、私も先年火事で家を失い）

「直上ケ御願済之上売捌仕居候、**然ル処**其後追々仕入種格外高直ニ相成」（直上げお願い済みのうえ売り捌き仕り居り候、しかるところ、その後追々仕入れ種格外高直に相成り　↓値上げの許可を受けた上で売り捌いていました。ところが、その後徐々に仕入れる種が非常に高値になり）

「**然所**、右三人谷越町江罷出、無二差支一取捌仕候」（しかるところ、右三人谷越町へ罷り出で、差し支えなく取り捌き仕り候　↓ところで、右の三人が谷越町へ出掛けて、問題なく処理しました）

「籾穀ニ引替囲置罷在候、**然ル所**私共村方之儀者田方不足之場所ニ御座候ニ付」（籾穀に引き替え囲い置き罷りあり候、然るところ、私ども村方の儀は田方不足の場所にござ候につき　↓籾穀に替えて保管しています。しかし、私たちの村は田方が少ない場所なので）

【然ニ・然ルニ】(しかるに)　[意] それなのに、ところで、しかしながら、そういうことであるなら

「然ニ、翌十九日問屋共相談仕」(然るに、翌十九日問屋ども相談仕り　↓ところが、翌十九日に問屋たちが相談し)

「村中不レ残御用人足相勤、然ルニ引続日光表助郷被二仰付一候而者」(村中残らず御用人足相勤む、然るに、引き続き日光表助郷仰せ付けられ候いては　↓村の全員が御用人足を勤めました。それなのに、引き続いて日光表の助郷を命じられては)

【然共】(しかれども)　[意] しかしながら、そうであっても、されども、それなのに

「往来之旅人ニむざと一夜之宿貸申間敷候、然共子細有レ之候ハ、委細遂二吟味一、其上ニ而貸可レ申候」(往来の旅人にむざと一夜の宿貸し申すまじく候、然れども、子細これあり候わば委細吟味を遂げ、その上にて貸し申すべく候　↓道中の旅人にむやみに一夜の宿を貸してはいけない。しかし、事情があるならば詳しく調べて、その上で貸しなさい)

「人馬不足ニ而村々難儀至極仕候、然共此度御伝馬役之儀者格別御太切之御役ニ御座候間」(人馬不足にて村々難儀至極仕り候、然れども、今度御伝馬役の儀は太切の御役にござ候あいだ　↓人馬不足で村々はとても困難な状況です。されども、今回の御伝馬役は重要な役目ですので)

C. 並立・付加

前の事柄と同列のことを挙げたり、付け加えたりすることを表わします。

【且】(かつ) [意] そのうえに、それとともに (↓副詞 p.121)

「万一行暮候ハ、一夜之宿御頼申候、且病気ニ取逢(合)候節者養生被ニ仰付一可レ被レ下候」(万一行き暮れ候わば一夜の宿御頼み申し候、かつ病気に取り合い候節は養生仰せ付けられ下さるべく候 ↓もし日が暮れたら一夜の宿を頼みます。そして病気になったら養生するよう言いつけてください)

「前後之弁も無レ之、且耕作等も不レ仕もの丶仕業ニ而」(前後の弁(わきま)えもこれなく、かつ耕作等も仕らざるものの仕業(しわざ)にて ↓何の考えもなく、そのうえ耕作などもしない者の行為であり)

【且者・且ハ】(かつは) [意] 同時に、一方では (↓副詞 p.121)

「百姓甘ニ茂罷成、且者御取ケ之為ニ茂可ニ罷成一哉ト奉レ存候」(百姓甘(ゆる)めにも罷り成り、かつは御取ケ(おとりか)のためにも罷り成るべきやと存じ奉り候 ↓百姓のゆとりにもなり、一方では年貢収納のためにもなるだろうと思います)

「太切之御年貢地相潰、**且ハ**村内取締ニ抱(拘)候間」(太切の御年貢地相潰(つぶ)れ、かつは村内取り締まりに拘(かかわ)り候あいだ　→大事な年貢地が耕作不能になり、同時に村内の取締まりに影響するので)

【且又・且亦】(かつまた)

[意] その上また、さらに

「従二公義一前々被二　仰出一候御条目、**且又**御高札之趣堅相守」(公儀より前々仰せ出だされ候御条目(ごじょうもく)、かつまた御高札の趣(おもむき)堅く相守り　→幕府から以前命じられた法令、さらに高札の趣旨をしっかり守り)

「法輪寺旦那ニ紛無二御座一候、**且亦**此方宗旨ニ罷有候内、何ニ而茂故障之儀毛頭無二御座一候」(法輪寺旦那に紛れござなく候、かつまたこの方宗旨(しゅうし)に罷りあり候内、何にても故障の儀毛頭ござなく候　→法輪寺旦那に間違いありません。その上こちらの宗門に属していた間も、何の問題も全くありませんでした)

【加之・然而已不レ成】(しかのみならず)

[意] それだけでなく、それに加えて、その上、さらに

「難問を申掛、**加之**放火致し」(難問を申しかけ、しかのみならず放火致し　→難問をふっかけ、それだけでなく放火をして)

「不当之致方、**然而已不レ成**御上様ゟ御慈悲を以拝借被二仰付一候御救金迄遣込候」(不当の致

し方、しかのみならず御上様より御慈悲をもって拝借仰せ付けられ候御救い金まで遣い込み候　→道理に外れた行為だけではなく、上様よりご慈悲で拝借を命じられたお救い金まで使い込みました）

【其上】（そのうえ）　［意］それに加えて、さらに、かつ

「当村武三郎ニ意(遺)恨之儀有レ之、途中ニ而打擲仕、**其上**手疵など為レ負候」（当村武三郎に遺恨の儀これあり、途中にて打擲仕り、その上手疵など負わせ候　→当村の武三郎に遺恨があって、途中で殴りつけ、さらに怪我を負わせました）

「御年貢御上納御通拝見仕、**其上**調印可レ致旨申レ之候得共」（御年貢御上納御通拝見仕り、その上調印いたすべき旨これを申し候えども　→年貢上納通帳を拝見し、そうしてから調印しますと言ったが）

【尚・猶／尚々・猶々】（なお／なおなお）　［意］さらに、そのうえ、加えて　（→副詞 p.112）

「**尚**、期ニ永日之時一候」（なお、永日の時を期し候　→いずれまたお会いしましょう）

「**猶**、別紙写之通御請書相認」（なお、別紙写しの通り御請書相認め　→さらに、別紙の写しの通り承諾書を書き記し）

「**尚々**、委ハ追而可二申入一候」（なおなお、委しくは追って申し入るべく候　↓加えて、詳しくは後ほど連絡します）

「**猶々**、御懇之儀難二申尽一存候」（なおなお、御懇(おねんご)ろの儀申し尽くしがたく存じ候　↓そのうえ、ご親切のこと言い尽くせないほどに存じます）

【尚又・尚亦・猶又・猶亦】（なおまた）

［意］そのほかに、さらに、なお

「金子餞別として差遣シ、**尚又**同人妹・子供弐人私方へ引取置」（金子(きんす)餞別として差し遣(つか)わし、なおまた同人妹・子供弐人私方へ引き取り置き　↓金銭を餞別として与えて、さらに同人の妹と子供の二人を引き取っておき）

「**尚亦**、当麦作之儀も最初見込より格外之違作」（なおまた、当麦作の儀も最初見込みより格外の違作　↓なお、今年の麦作も当初の予想より並外れた凶作で）

「**猶又**、遠近所々相尋候得共、一円行衛相知不レ申」（なおまた、遠近所々相尋ね候えども、一円行衛(ゆくえ)相知れ申さず　↓そのほかに、あちこち探しましたが、まったく行方が分からず）

「**猶亦**、金拾両御送り被二成下一」（なおまた、金拾両御送り成し下され　↓なおも、金十両をお送り下さり）

【幷・幷ニ】（ならびに）　［意］および、かつ、また

「自今以後御年貢幷村諸入用等差引」（自今以後御年貢ならびに村諸入用等差し引き　↓今後お年貢および村の諸費用などを差し引き）

「此証文幷ニ古証文ヲ以貴殿名請ニ被レ成、田地御支配可レ被レ成候」（この証文ならびに古証文をもって貴殿名請けになされ、田地御支配なさるべく候　↓この証文と古証文によってあなたの名請けにして、田地を所持して下さい）

【将又・将亦】（はたまた）　［意］もしくは、なおまた、さらにまた、あるいはまた

「将又、此者病死・頓死或ハ欠落等仕候共、少茂違乱申間敷候」（はたまた、この者病死・頓死或いは欠落等仕り候とも、少しも違乱申すまじく候　↓なおまた、この者が病死・頓死あるいは出奔などしても、少しも苦情を言いません）

「将亦、農隙或者休日等ニ者、算筆其外身之為ニ相成候義を心掛させ」（はたまた、農隙或いは休日などには、算筆そのほか身のために相成り候義を心掛けさせ　↓さらにまた、農業の合間あるいは休日などには、算筆のほか自分の利益になるようなことを心がけさせて）

【又・亦】（また）　［意］その上に、加えて、あるいは、または　（→副詞 p.121）

「出入等茂内証ニ而相済、**又**御用触流シ等茂無レ滞」（出入なども内証にて相済み、また御用触れ流しなども滞りなく　→争論なども内々で解決し、そのうえ御用の伝達なども支障なく）

「**亦**、延宝年中ニ相成新縄入ニ付」（また、延宝年中に相成り新縄入れにつき　→さらに、延宝年中になって新たに検地があり）

d. 選択

前の事柄と後の事柄のどちらかを選択することを表します。

【或・或者・或ハ】（あるは・あるいは）　［意］または、もしくは　（→連体詞「或」p.152）

「夏作**或**者秋作苅入候節ゟ御年貢相納候」（夏作あるいは秋作苅り入れ候節より御年貢相納め候　→夏作または秋作の収穫があった時から年貢を納めます）

「**或**者難産の愁を遁れ、**或**者雷難・火災を除き」（あるは難産の愁いを遁れ、あるは雷難・火災を除き　→一方では難産の心配からまぬがれ、他方では雷難や火災を回避し）

「新規ニ下屋敷構、**或**ハ居屋敷・居宅之外ニ扣屋敷相求候儀、堅可レ為二無用一候」（新規に下屋敷構え、あるいは居屋敷・居宅の外に扣屋敷相求め候儀、堅く無用たるべく候　↓新たに屋敷を作り、または居屋敷・居宅のほかに控屋敷を求めてはいけない）

【又者・又ハ・亦者・亦ハ】（または）

［意］あるいは、一方では

「同居、**又**者店持、或者奉公稼ニ出候もの」（同居、または店持ち、あるいは奉公稼ぎに出で候者　↓同居しているか、それとも店持ちであるか、もしくは奉公稼ぎに出ている者）

「長脇差帯候者、**又ハ**無宿・無商売躰之もの徘徊致候ハヽ」（長脇差帯び候者、または無宿・無商売の者徘徊いたし候わば　↓長脇差を差した者、あるいは無宿や無商売のような者がうろついていたならば）

「若シ相背延着仕候歟、**亦**者彼是与申もの有レ之候ハヽ」（もし相背き延着仕り候か、または彼是と申すものこれあり候わば　↓もし規定に違反し遅刻するか、もしくはあれこれと言う者がいたならば）

「表立候御客**亦ハ**格別之御規式等ニ者、相応不ニ見苦一様可レ致候」（表立ち候御客または格別の御規式等には、相応見苦しからざるよう致すべく候　↓公式な客あるいは特別な儀式などには、それなりに見苦しくないようにしなさい）

e. 補足

前の事柄に、不十分な部分を補い、また例外を示します。江戸時代の古文書には「抑々（そもそも）」「但（ただし）」などが頻出します。

【抑・抑々】（**そもそも**）　［意］さて、いったい、だいたい、ところで

「**抑**、此事起り之儀ハ、聢とは存不レ申候へ共」（そもそも、この事起こりの儀は、聢（しか）とは存じ申さず候えども　→いったい、この事の起源は、はっきりと知りませんが）

「**抑々**、当社青梅天神は、日本四社の内東方の一社なり」（そもそも、当社青梅天神は、日本四社の内東方の一社なり　→さて、この青梅天神は、日本にある四社の天神のうち東方に所在する一社である）

【但】（**ただし**）　［意］ところで、さて／しかし、もしかすると

「御定法之飼料可レ被レ下候事、**但**、其余之儀者追而御沙汰可レ有レ之候」（御定法（ごじょうほう）の飼料下さるべく候こと、ただし、その余の儀は追って御沙汰これあるべく候　→規定の飼料が配付されるとのこと。ところで、そのほかのことについては近いうちに指示があるでしょう）

「一金弐拾七両也、但シ、材木代」（一(ひとつ)金弐拾七両也、但し、材木代 ↓一つ金二十七両なり、さて、〈これは〉材木代である）

「刀幷大脇指さし申間鋪候、**但**、検断刀帯候義制外之事」（刀ならびに大脇指さし申すまじく候、但し、検断刀帯び候義制外のこと ↓刀や大脇指を差してはいけない。しかし、検断が刀を差すことは規定外である）

【尤】（もっとも）

［意］そうではあるものの、一方で、ただし （↓副詞 p.115）

「年始祝儀一通り扇子等持参ハ格別たるへし、**尤**、無心ケ間敷事不レ可二申掛一」（年始祝儀一通り扇子等持参は格別たるべし、尤も、無心がましきこと申し掛くべからず ↓年始の祝儀に世間並みに扇子などを持参するのは構わない。そうではあるが、ねだるようなことを言ってはいけない）

「御用地畑五反御預、**尤**、善助一代之内御預被二下置一候筈」（御用地畑五反御預け、尤も、善助一代のうち御預け下し置かれ候はず ↓御用地の畑五反を預ける。ただし、善助一代限りお預け下されるはず）

(Ⅲ) 連体詞

「**連体詞**」とは「あの」「この」「その」など、名詞を修飾するもので、連体修飾語として用いられる自立語です。

【或】(ある)

現代語の「とある村」のように用い、「ある〜」と読み、その次に時間や場所などを示す言葉が来るような形式で使われます。例えば、「或時」「或人」などの使用例があります。

また、「或者」と書かれている場合は、ほとんど全てが「あるいは」という意味で使用しており、「あるもの」とは読まないことに注意してください。(↓副詞 p.148)

【文例】

「**或時**被レ仰候ハ」(ある時仰せられ候は　↓ある時おっしゃるには)

「**或日**当寺に詣ふて、弥陀尊の深重誓願を仰き」(ある日当寺に詣で、弥陀尊の深重誓願を仰ぎ　↓ある日この寺に詣でて、弥陀尊に深く祈願し)

「右、以下**或人**古文書令二書写一所上、加二一校一也」(右、ある人の古文書書写せしむる所をもって、一校を加うる也　↓右は、ある人が所有する古文書を書写させて、校正を加えたものである)

【所謂】（いわゆる）

現代もよく使われる言葉で、前に述べたことを受けて、具体的な例や言い換えを示すときに使用する語です。また、広く世間でいわれている、すでに周知の、の意でも使われます。

【文例】

「死骸刑罰ニ可レ加者、**所謂**主殺・親殺」（死骸刑罰に加うべきは、いわゆる主殺し・親殺し →死体に刑罰を加えるほど重い罪は、いわゆる主殺し・親殺し）

「左候得者、**所謂**前門防レ虎後門容レ狼カ如く」（左候えば、いわゆる前門に虎を防ぎ後門に狼を容るがごとく →そうならば、いわゆる「前門に虎を防ぎ後門に狼を容る」〈一難去ってまた一難〉のたとえのごとくである）

【彼】（かの）

現代語の「あの」「かの」と同様な意味を持つ連体詞です。「彼国」「彼者」などの語例があります。（→代名詞 p.85）

【文例】

「**彼役所**江可レ被二罷出一候様可レ致二通達一」（かの役所へ罷り出でらるべく候よう通達致すべし →

あちらの役所へ出頭するよう通達しなさい）

「近来異人共別而横行（中略）万一**彼者**共甚敷及二不法一候之節」（近来異人ども別して横行、万一かの者ども甚だしき不法に及び候の節 →最近外国人たちが特に横行し、万一かの者たちが非常に理不尽なことをした時）

「外国交易御開ニ付而者、**彼国**之金銀其儘通用可レ致候」（外国交易お開きについては、かの国の金銀そのまま通用いたすべく候 →外国との交易を開始するに当たっては、かの国の金銀をそのまま用いなさい）

「去秋拙者**彼地**江罷越、委細見分・吟味仕候」（去る秋拙者かの地へ罷り越し、委細（いさい）見分・吟味仕り候 →去る秋に私はかの地方に出向いて、詳しく監察し取り調べました）

「翌十二日**彼表**出立仕」（翌十二日かの表出立（しゅったつ）仕り →翌十二日にかの場所を出発し）

「**彼村**内に三反分（歩）余の除地有レ之」（かの村内に三反歩余の除地これあり →あの村のなかに三反歩余りの除地があります）

「**彼山**え以来者出入申間敷候」（かの山へ以来は出入り申すまじく候 →あの山へ今後は出入りいたしません）

「此方ニ而ハ強勇と心得候共、**彼方**ニ而論せハ強勇の国なりと怖れ候事ハ無二覚束一」（この方にては強勇と心得候とも、かの方にて論ぜば強勇の国なりと怖れ候ことは覚束（おぼつか）なく →こちらで

は〈日本が〉強勇と思っていても、あちら〈外国〉が日本を強勇の国と怖れるのは疑わしい）

【来・来ル】（きたる）

（↓補助動詞 p.50）

「きたる」と読み、その下に年月や時間などを示す名詞が置かれる場合が多いです。「来」は「次の〜」という意味で用いられます。英語で言う「next」と同義の語です。例えば「来ル十五日」とあり、その古文書が書かれた日付が仮に七月十日とすると、今度の十五日すなわち七月十五日を意味します。また仮に日付が七月十八日だとすると、「来ル十五日」は翌月の八月十五日となります。

【文例】

「公事数書付之儀ハ、**来**正月十三日三奉行月番登　城仕差上」（公事(くじ)数書付の儀は、来る正月十三日三奉行月番登城仕(つかまつ)り差し上げ　↓訴訟の件数を記した書付は、来年正月十三日に三奉行〈寺社奉行・町奉行・勘定奉行〉の月番が登城して提出）

「**来ル**十七日迄ニ役所江可二差出一候」（来る十七日までに役所へ差し出だすべく候　↓次の十七日までに役所へ提出しなさい）

「**来ル**極月米之相場を以、元利過不足御差引可レ被レ下候」（来る極月(ごくげつ)米の相場をもって、元利過不足御差し引き下さるべく候　↓今度の十二月の米相場で、元金・利子とも過不足を計算してく

ださい）

「年季之儀者、当亥年より**来ル**申ノ年迄、拾ヶ年季ニ相定申候」（年季の儀は、当亥年(いのとし)より来る申(さる)の年まで、拾ヶ年季に相定め申し候　↓年季については、今年亥年から次の申年まで、十か年季に定めます）

【此】（この）

（↓代名詞 p.87／副詞 p.104）

「此」は「この」と読みます。「こちら」を意味する「此方(このほう・こなた)」のように、「此」は「方」という名詞を修飾しています。このような使い方は、他にも「此度(このたび・こたび)」「此節(このせつ)」「此段(このだん)」などがあります。内訳を示す場合に「此訳(このわけ)(分)」「此内(このうち)」が使われます。

【文例】

「**此方**ゟ通達無レ之候ハヽ、他江為レ見被レ申間敷候」（この方より通達これなく候わば、他へ見させ申さるまじく候　↓こちらから通達がなければ、他へ見せてはいけない）

「**此度**在方博奕之義ニ付被二仰出一候」（この度在方博奕(ざいかたばくち)の義につき仰せ出だされ候　↓このたび村方の博奕について、〈禁止が〉命じられました）

「**此節**ニ相成、以前与違ひ」（この節に相なり、以前と違い　↓今になって、以前と異なり）

「**此段**奉二伺置一度申上候」（この段伺い置き奉りたく申し上げ候　↓この事を伺いたく申し上げます）

「**此上**大水之砌、切所ニ相成候而者難渋之旨申レ之」（この上大水の砌（みぎり）、切所（きれしょ）に相成り候ては難渋の旨これを申す　↓さらに洪水に際し、堤が切れては困ってしまうと主張しました）

「無二**此上**一歎敷次第ニ付」（この上なく歎かわしき次第につき　↓とてつもなく情けない有様なので）

「向後守二**此旨**一、不レ可二異失一者也」（向後（こうご）この旨を守り、異失すべからざる者なり　↓今後この趣旨を守って、間違えることのないように）

「**此後**何様之事出来仕候共」（この後いかようのこと出来（しゅったい）仕り候とも　↓今後どのようなことが起こっても）

「**此間**、地蔵尊所々ゟ参詣多御座候所」（この間、地蔵尊所々より参詣多くござ候ところ　↓ちかごろ、地蔵尊にあちこちから参詣が多くございますが）

「外入用茂可二相懸一候間、**此儀**者帳面ニ記」（外（ほか）入用も相懸（あいかか）るべく候あいだ、この儀は帳面に記し　↓他の費用も掛かるだろうから、このことは帳面に記録して）

「**此外**料理之心得有レ之者弐三人、吟味申付候而為レ働候」（この外料理の心得これある者弐、三人、吟味申し付け候て働かせ候　↓この他に料理の経験がある者二、三人について、取り調べを命じて〈料理人として〉仕事をさせました）

「**此地所**ニ付故障申者無二御座一」（この地所につき故障申す者ござなく　↓この土地について不服を言う者はなく）

「**此**廻状、刻付を以早々順達、留り村ゟ可二相返一候」（この廻状、刻付け（こくづ）をもって早々に順達、留り（とま）村より相返すべく候　↓この廻状は、時間を書き付けて急いで次の村へ廻し、最後の村から〈代官役所に〉返却しなさい）

「**此**初五郎与申男、慥成者ニ御座候ニ付」（この初五郎と申す男、慥かなる者にござ候につき　↓この初五郎という男は、〈身元の〉確かな者でございますので）

「五百八拾五石六斗三升也、**此取**三百三拾九石六斗弐升三合」（五百八拾五石六斗三升也、この取（とり）三百三拾九石六斗弐升三合　↓〈村高は〉五百八十五石六斗三升である。この年貢高は三百三十九石六斗二升三合）

「炭四俵、**此代**六百文」（炭四俵、この代六百文　↓炭四俵、この代金は六百文）

【去・去ル】（さる）

「さる」と読み、多くはその後ろに年月や時間などを示す名詞が置かれます。「去」は「前の」という意味で、前の午年のことを「去午年（さるうまのとし）」のように記します。ただし、必ずしも去年ではありません。「去々辰年（さるさるたつのとし）」という表記もありますが、これは二年前の辰年という意味です。

また、「去ル十五日」のような表現の場合、あくまでも「去ル」は「その前の」という意味なので、その古文書の日付が例えば九月十日ならば八月十五日のことを指し、また九月二十日ならば九月十五日のことを示します。その他、「去月」「去暮」などの用例があります。

【文例】

「**去**天保十亥年中、加用水出来之節」（去る天保十亥年中、加用水出来の節 →〈慶応元年から〉過去の天保十年中に、加用水が完成した時）

「**去ル**卯・辰米直段下直ニ付」（去る卯・辰米直段下直につき →前の卯・辰年の米価が下値のため）

「**去々**年、永蟄居被二仰付一候」（去々年、永蟄居仰せ付けられ候 →一昨年に、永蟄居を命じられました）

「**去々**辰十月中相触置候御出入宿共、都合六軒ニ相成候」（去々辰十月中相触れ置き候御出入宿ども、都合六軒に相成り候 →二年前の辰年に触れて置いた郷宿は、合計で六軒になった）

「**去ル**九月中、以二書付一奉二申上一候処」（去る九月中、書付をもって申し上げ奉り候ところ →先月の九月中に、書面にして申し上げましたが）

「**去**暮取究之通、当亥ゟ来丑年迄僅三年御上納」（去る暮れ取り究めの通り、当亥より来る丑年まで僅か三年御上納 →去年の年末に取り決めた通り、今年の亥年から次の丑年まで僅かな期間ですが三年間上納致します）

「**去**夏中、水論ニ而疵人馬出来」（去る夏中、水論にて疵人馬出来 →去年の夏に、水争いで怪我人馬が発生し）

【其】（その）　（↓代名詞 p.90）

「その」は、現代語の「あの」に対応する言葉です。例えば、「此方（このほう／こなた）」は当人側ですが、「其方（そのほう／こなた）」は相手側であるような関係性です。語例として、「其村（そのむら）」「其節」「其上」「其段」「其意」などがあり、とくに現代語ではほとんど使用しない「其外（そのほか）」（「其他」でなく）は頻出する文言です。

【文例】

「**其節**、**其方**儀者外御用ニ而出府中ニ付」（その節、その方（ほう）儀は外（ほか）御用にて出府中につき　↓その際には、あなたは別の御用で江戸へ出掛けていたので）

「**其村**計ニ而も難レ成所は、遂二吟味一御普請可二申付一」（その村計（ばか）りにても成り難き所は、吟味を遂げ御普請申し付くべし　↓その村だけで〈普請が〉できない場所は、吟味のうえ幕府〈の出費〉による普請を申し付ける）

「四月以後之儀ハ、**其節**御相談之上割合等相究可レ申候」（四月以後の儀は、その節御相談のうえ割合等相究（き）め申すべく候　↓四月以降については、その時になって相談して配分などを決めます）

「**其上**紛失仕、所持不レ仕候村も御座候」（そのうえ紛失仕（つかまつ）り、所持仕らず候村もござ候　↓さらに〈検地帳を〉紛失して、所持していない村もございます）

「若左様被レ致候ハ、急度遂二吟味一、**其段**可二申上一候」（もし左様致され候わばきっと吟味を遂げ、その段申し上ぐべく候 ↓もしそのようにするのならば必ず吟味し、そのことを申し上げるように）

「為二心得一相触候条、可レ得二**其意**一者也」（心得のため相触れ候条、その意を得べきもの也 ↓心得のため触れ知らせるので、承知するように）

「火事・喧嘩、**其外**不レ依二何事一、早速注進可レ仕事」（火事・喧嘩、その外何事によらず、早速注進仕るべきこと ↓火事や喧嘩、その他どんなことでも、すぐに報告すること）

「去年**其表**へ被二召寄一候ものニ而御座候」（去る年その表へ召し寄せられ候ものにてござ候 ↓去年そちらへ呼び寄せられた者でございます）

「**其意趣**を以様々之偽り申上候」（その意趣をもってさまざまの偽り申し上げ候 ↓その遺恨のためにさまざまな嘘を申し上げました）

「**其訳**御注進可二申上一旨被二仰付一候ニ付」（その訳御注進申し上ぐべき旨仰せ付けられ候につき ↓その理由を報告するように命じられましたので）

「**其分ヶ**可二申出一候」（その分け申し出づべく候 ↓その理由を申し出なさい）

「不レ及二**其儀**ニ一候」（その儀に及ばず候 ↓そのことは必要ありません）

【我・吾】（わが）

現代語の「我国（わがくに）」と同様な意味を持つ連体詞です。語例としては、「我国」「我家」などがあります。ちなみに、自分の住む村のことを「当村」と記しますが、「我村」というような表記は江戸時代の古文書ではあまり見られません。

【文例】

「**我**国神聖之道を廃し、耶蘇之邪教を奉して君臣・父子之大倫を忘れ」（我が国神聖の道を廃し、耶蘇（やそ）の邪教を奉じて君臣・父子の大倫を忘れ　→我が国の神聖な道を棄て、キリスト教を信奉して君臣・父子の道理を忘れ）

「誰も**我**家の事のミ思ひ」（誰も我が家のことのみ思い　→だれも自分の家のことだけを考え）

「**吾**宗任二綸旨之趣一、宝祚長久・御家門繁栄御祈祷し」（わが宗綸旨（りんじ）の趣に任せ、宝祚（ほうそ）長久・御家門の繁栄を祈祷し　→私どもの宗派の命ずるところに従い、皇位の長久とご家門の繁栄を祈祷し）

第二章　付属語

「**付属語**」とは、「自立語」と異なり、単独では文節を構成せずに、常に自立語に付属するもので、助動詞や助詞が該当します。たとえば、「源氏物語」のうち半分は助動詞や助詞だったと言われ、大学受験の古文ではとくに助動詞の活用などを覚えたのではないかと思います。もちろん、江戸時代の古文書の中でも重要な位置にあります。

（I）助動詞

「**助動詞**」とは、付属語のなかで活用があるものになります。読んで字のごとく動詞などについて意味をそえる言葉です。たとえば、「入(いる)」という動詞に対して「不」が付くと「不レ入(いらず)」と下から先に読む語順で「入らない」という意味になります。また、「不レ可レ入(いるべからず)」となると、「入ってはいけない」という意味になります。ここでは「不」「可」が助動詞であり、場合によっては助動詞に助動詞が付くこともあります。英語では助動詞の「will」や「can」が連続することはありませんが、江戸時代の古文書では「可レ被レ為二仰付一(おおせつけさせらるべく)」のように、動詞「仰付」の前に「可」「被」「為」と三つ助動詞が連続して意味をなすことがあります。

また、下から上へ返って読む文字を「**返読文字**」と呼び、漢文ではよく見られます。これは、助動詞の次に動詞が来る中国語の語順を、動詞の次に助動詞が来る日本語の用法に合わせるために使われたためです。江戸時代の古文書には、助動詞の返読文字は多用されており、これらに慣れていくのが、古文書を読むうえで重要なポイントになります。なお、漢文でよく見られる「未」（いまだ〜ず）や「須」（すべからく〜べし）のような、助動詞の意味を含めて二回読む再読文字は、江戸時代の古文書の中ではあまり見られなくなりました。（↓動詞の返読文字 p.29）

【如】（ごとし）

比喩（ひゆ）を意味する助動詞で、おもに名詞の上につき、「〜のように」「〜と同様に」と訳します。「如レ此（かくのごとし）」「如レ斯（かくのごとし）」（このように）、「如二前々一（まえまえのごとし）」「如二先規一（せんきのごとし）」「如二跡々之一（あとあとのごとし）」などと使われます。また、文章の末尾に「仍如レ件（よってくだんのごとし）」（このことは以上のごとくである）のような表現も多く用いられます。

なお、「何」の前につけて、「如何」（いかが・いかん）・「如何様」（いかよう）のように強調を意味するものとして使われることも多く見られます。

【文例】

「向後**如**二水魚一相交」（向後（こうご）水魚のごとく相交わり　↓今後は水と魚のように親密に交流し）

「当夏中**如**レ被二　仰出一、対二百姓一非儀不レ可レ有レ之」（当夏中仰せ出ださるごとく、百姓に対し非儀これあるべからず　↓今年の夏に命じられたように、百姓に対し道理に外れたことをしてはいけない）

「**如**レ**此**御訴訟申上候」（かくのごとく御訴訟申し上げ候 →このようにお訴え申し上げます）

「**如**レ**斯**目安差上候間、致二返答書一、来月廿一日評定所江罷出、可二対決一」（かくのごとく目(め)安(やす)差し上げ候あいだ、返答書(へんとうしょ)いたし、来月廿一日評定所へ罷り出で、対決すべし →このように訴状が提出されたので、返答書を認(したた)め、来月二十一日に評定所へ出頭し、〈原告と〉対決しなさい）

「川舟之分者、**如**二**前々**一所之運賃相定置」（川舟の分は、前々のごとく所の運賃相定め置き →川舟については、以前の通りにその場所での運賃を定めておく）

「**如**二**先規**一令二寄付一レ之訖」（先規のごとくこれを寄付せしめ訖(おわんぬ) →先例に従い寄付いたします）

「**如**二**跡々之**一御役儀も八右衛門ニ被二仰付一被レ下候者」（跡々のごとく御役儀も八右衛門に仰せ付けられ下され候わば →以前同様に役職も八右衛門にお命じ下されるならば）

「為レ念一札入置申処、仍**如**レ**件**」（念のため一札(いっさつ)入れ置き申すところ、仍って件の如し →念のために証文を差し入れますのは、以上の通りです）

【令】（しむ）

使役・婉曲を表す助動詞で、「〜させる」「〜する」と訳します。直後に活用語である未然形の動詞が来ます。

【文例】

「右条々、かたく**令**二**停止**一者也」（右条々、堅く停止せしむるものなり　→右の各箇条については、きびしく止めさせるものである）

「都合千百五拾弐石余事、**令**二**扶助**一之畢」（都合千百五拾弐石余りのこと、これを扶助せしめ畢　→合計千百五十二石余りについて、これを領地として与える）

「来極月十日限、**可**レ**令**二**皆済**一者也」（来る極月十日限り、皆済せしむべき者也　→来る十二月十日を期限に、〈年貢を〉完納しなさい）

「弐拾三石四斗余事、任二先規一**令**二**寄附**一之訖」（弐拾三石四斗余りのこと、先規に任せこれを寄附せしめ訖、→二十三石四斗余りを、先例に従い寄付します）

「此廻状村下**令**二**請印**一、昼夜刻付ヲ以順達、留村ゟ可レ被二相返一候」（この廻状村下請印せしめ、昼夜刻付けをもって順達、留り村より相返さるべく候　→この廻状は村の名前の下に承諾の捺印をし、昼夜〈を通して〉時間を記して順番に廻し、最後の村から〈代官役所に〉返却しなさい）

「身体不レ成者は田畠**令**二**沽却**一、猶々身上不レ可レ成之間」（身体成らざる者は田畠を沽却せしめ、猶々身上成るべからざるの間　→生活が成り立たない者は田畠を売り払って、さらに暮らし向きが悪くなるので）

「其年之御年貢者其年末ニ皆済可レ仕処、百姓**令**二**難渋**一」（その年の御年貢はその年末に皆済仕

るべきところ、百姓難渋せしめ　→その年の年貢はその年末に完納すべきところ、百姓が出し渋り）

「若**令**二**違背**一多造之輩あらハ、可レ被レ行二罪科一」（もし違背《いはい》せしめ多造《たぞう》の輩あらば、罪科に行わるべし　→もし〈制限令に〉違反して〈酒を〉多く造るものがいたならば、罪科に処されることになる）

【為】（す・さす・しむ／たり）　（→動詞p.22／形式名詞p.80／連語p.232）

a．使役・完了・尊敬を表す助動詞です。直後に活用語である未然形の動詞が来ます。「為レ致《いたさせ》」や「為レ仕《つかまつらせ》」（使役・完了）のように返読文字になります。尊敬の意味では、「被レ為二仰付一《おおせつけさせられ》」は「被二仰付一《おおせつけられ》」より、さらに強い敬意を表すときに用いられます。主語が明確に記されないのが江戸時代の古文書の大きな特徴ですが、その主体が誰なのかを考える時に、上位者の行為に付けられる「為」という助動詞の存在は、正しく意味を取るうえで重要な道標といえます。文例にあげた他に、「被レ為二成下一《なしくだせられ》」「被レ為二下置一《くだしおかせられ》」「被レ為レ遊《あそばせられ》」「為二申聞一《もうしきかさせ》」などがあります。

【文例】

「村方出火御座候節、五人組江預ケ、寺入**為**レ**致**置」（村方出火ござ候節《せつ》、五人組へ預け、寺入り致させ置き　→村内で火事があった時は、〈火元の者を〉五人組へ預け、寺入りさせておきます）

「昨晦日夜四ッ時頃迄仕業**為**レ**仕**」（昨晦日夜四ッ時ころまで仕業仕らせ　→夕べ晦日の夜四つ時

ころまで仕事をさせ）

「早々**為**二**差出**一可レ申候」（早々差し出させ申すべく候　↓すぐに提出させなさい）

「当納米之内を以、右之者共へ**為**レ**取**レ**之**候」（当納米(とうのうまい)の内をもって、右の者どもへこれを取らせ候　↓今年の年貢米の中から、右の者たちへ与えました）

「当人・組合・扱人連印一札**為**二**取替**一申処、如レ件」（当人・組合・扱人連印一札取り替わし申すところ、件の如し　↓当人・組合・扱人が連判した証文を互いに取り交わしたこと、以上の通りです）

「奉二願上一候通**被**レ**為**二　**仰付**一被二下置一度奉レ存候」（願い上げ奉り候通り仰せ付けさせられ下し置かれたく存じ奉(たてまつ)り候　↓願い上げの通りお命じなさって下されたく思います）

「御備場御用**被**レ**為**レ**蒙**レ**仰**」（御備場(おそなえば)御用仰せを蒙(こうむ)らせられ　↓〈異国船〉警備御用の命令をお受けなされ）

「格別之御憐愍を以、御聞済**被**レ**為**レ**在**」（格別の御憐愍をもって、御聞き済ましあらせられ　↓特別のお情けにて、ご許可なされ）

b． 断定を表す助動詞「たり」です。直後に体言がきて、「〜である」と断定の意味で用いられます。江戸時代の古文書では、この字の前に「可」がきて、「可レ為〜(たるべし)」と読む形式がほとんどです。例えば、「可レ為二曲事一(くせごとたるべし)」や「可レ為二越度一(おちどたるべし)」などの用法があります。また、この字の前に

「雖(いえども)」がきて、「雖レ為(たりといえども)〜」と「〜であったとしても」という使われ方もあります。

【文例】

「年貢令二難渋一者**可**レ**為**二**曲事**一事」（年貢難渋せしめば曲事たるべきこと　↓年貢を滞納したならば罪に処す）

「不吟味におゐてハ**可**レ**為**二**越度**一事」（不吟味(ふぎんみ)においては越度(おちど)(おっと)たるべきこと　↓十分な吟味をしなかった場合は罪に処す）

「御城内ニ而一切下駄**可**レ**為**二**無用**一候」（御城内にて一切下駄無用たるべく候　↓お城の中ではいっさい下駄を履いてはいけない）

「**雖**レ**為**二風雨之時分一、増銭不レ可レ取候」（風雨の時分たりといえども、増銭取るべからず候　↓風雨の時であっても、〈駄賃を〉増額して取ってはいけない）

【不】（ず・ざり）

否定を表す助動詞で、直後に活用語である未然形の動詞・助動詞などが来ます。「不レ仕(つかまつらず)」や「不二差出一(さしださず)」のように直後の動詞を否定します。また「不レ被二仰付一(おおせつけられず)」や「不レ可レ取(とるべからず)」のように、他の助動詞も含めて否定する場合もあります。「不」の後にくる活用語の後の言葉が、「様(よう)」など体言（名詞）の場合は、「不レ仕様(つかまつらざるよう)」や「不レ申様(もうさざるよう)」と「〜ざる」と読みます。用言（動詞）の場合は、「不レ仕候（つかまつらずそうろう）」や「不レ申候（もうさずそうろう）」と「〜ず」と読みます。（↓接頭語 p.218）

【文例】

「御鷹場にハか丶しを**不**レ**仕**」（御鷹場にはかかしを仕らず　↓鷹場にはかかしを立てない）

「大小之百姓**不**レ**残**立合、無二高下一致二割付一」（大小の百姓残らず立ち合い、高下（こうげ）なく割付いたし　↓すべての百姓が全員立ち合って、公平に〈年貢の〉割り当てをし）

「取繕者**不**レ**及**レ**申**、畳替可レ為二無用一」（取り繕いは申すに及ばず、畳替え無用たるべし　↓修理はいうまでもなく、畳替えも無用である）

「川を境ニ相定、**不**レ**及**二**異論**一旨答レ之」（川を境に相定め、異論に及ばざる旨これを答う　↓（川〈の中心〉を境界とし、そのことに異論はないと返答した）

「此廻状、村下ニ承知印形被レ致、**不**レ**限**二**昼夜ニ**一早々順達」（この廻状、村下に承知印形いたされ、昼夜に限らず早々順達　↓この廻状は、村名の下に押印され、昼夜ともに迅速に順番に廻し）

「くわへきせる**不**レ**致**様可二申付一候」（くわえきせる致さざるよう申し付くべく候　↓くわえキセルをしないよう命じなさい）

「普請所ニ**不**二**差障**一様ニ被二仰付一度旨、奉二願上一候」（普請所に差し障らざるように仰せ付けられたき旨、願い上げ奉り候　↓普請所に支障がないように命じられたいと、願い上げました）

【也】（なり）

断定を意味する助動詞です。古文の助動詞「なり」には、存在「〜にある」「〜にいる」の意味も含みますが、江戸時代の古文書の「也」は断定の意味で用いられます。断定の意味が強いため、上位者がその下位者へ命じる形式の場合などで多用される表現です。

また、文章の末尾に来ることが多いため、句読点がない江戸時代の古文書の中で、文章の切れ目の目安になります。時には「者」と一緒にして、「可レ仕者也(つかまつるべきものなり)」と書かれたり、「金壱両也(きんいちりょうなり)」と金銭の勘定の最後に使われたりする用法もあります。

【文例】

「古帳ヲ写置候**也**」（古帳を写し置き候也　→古い帳面を写しておいたものである）

「御年貢上納仕候処実正**也**」（御年貢上納仕り候処実正(じっしょう)也　→年貢を上納したことは間違いない）

「若其過於二無沙汰一ハ、譴責以可二申付一者**也**」（もしそれを過ぎ無沙汰においては、譴責(けんせき)をもって申し付くべきものなり　→もしそれ〈年貢納入期限〉を過ぎて納入がなければ、厳しく叱責して〈納入を〉命じるものである）

「為二手付金ト一拾両**也**、慥ニ請取申候」（手付金として拾両也、慥(たし)かに請け取り申し候　→手付金として十両を、確かに受け取りました）

【可】（べし）

推量・意志・当然・可能・命令を表す助動詞です。江戸時代の古文書では非常に多く使われます。直後に活用語が来ますが、ラ行変格活用の場合は連体形、その他は終止形に接続します。一般的には「〜しなさい」（命令）や「〜するべきだ」（当然）という意味で使用され、「〜しよう」（意志）や「〜するだろう」（推量）という意味でも用いられます。また、同じ「可レ申」でも、文脈によっては「〜します」（意思）とも、「〜しなさい」（命令）とも訳します。

なお、文の主語が一人称なら意志、二人称なら命令と考えられます。また、「〜すべき」や「〜しよう」というものは、まだそれを行っていないが、今後行うことを意味するので、未来を意味する助動詞ともいえます。

そして「可」に否定の意味を加える「不レ可（べからず）」は「〜してはいけない」と訳します。そのため、「不レ可二立入一（たちいるべからず）」は、「立ち入ってはいけない」の意味になります。また、「〜することはない」と訳す場合もあります。このように、「可」前後の文章を読みながら、どのように訳すのが一番文意に添うのか考えていきましょう。さらに、この「可」は先ほど紹介した「被」「為」などの助動詞とも結びついて、「可レ被二仰付一（おおせつけらるべし）」「可レ被レ下（くださるべし）」や「可レ為二曲事一（くせごとたるべし）」などの用法も見られます。

【文例】

「十一月晦日切而、急度皆済**可**レ**申**候」（十一月晦日を切って、急度皆済申すべく候　↓十一月晦日を期限に、必ず〈年貢を〉完納しなさい）

「身上不レ成百性者、諸代官精入万事差引**可**レ**致**」（身上成らざる百性は、諸代官精を入れ万事差し引き致すべし　↓生活が成り立たない百姓へは、代官は心を尽くし万事差配するように）

「一切通路無レ之様ニ仕候而、**可**レ**然**哉と奉レ存候」（一切通路これ無きように仕り候て、然るべきやと存じ奉り候　↓まったく通行が無いようにして、当然かと思います）

「百姓共身命送り**可**レ**申**様無ニ御座一、何共迷惑仕候」（百姓ども身命送り申すべきようござなく、何とも迷惑仕り候　↓百姓たちは生活を維持すべき手段もなく、何とも困惑しています）

「当夏成金も、我々調差上**可**レ**申**候」（当夏成金も、我々調え差し上げ申すべく候　↓今年の夏の年貢金も、私たちが用意して上納します）

「能々用陣（心）**可**ニ**申付**一と申候へハ」（よくよく用心申し付くべしと申し候えば　↓しっかりと用心を申し付けようと言ったところ）

「惣百姓弥難レ有**可**レ**奉**レ**存**候」（惣百姓いよいよ有り難く存じ奉るべく候　↓すべての百姓がますます感謝することでしょう）

「左候者、村々第一困窮**可**レ**仕**与奉レ存候」（左候わば、村々第一困窮仕るべきと存じ奉り候　↓そうであるならば、村々はまず困窮するだろうと思います）

「若相背申候ハヽ、如何様之曲事ニも可レ被ニ仰付一候」（もし相背き申し候わば、いかようの曲事にも仰せ付けらるべく候　→もし違反したならば、どんな処罰でもお命じください）

「刻限無ニ相違一御差出し可レ被レ下候」（刻限相違なくお差し出し下さるべく候　→時間を間違えることのないように提出してください）

「若相背輩於レ有レ之者、可レ為ニ曲事一者也」（もし相背く輩（ともがら）これあるにおいては、曲事（くせごと）たるべきものなり　→もし違反するものがいたら、罪とするものである）

「何事によらす、取持不レ可レ致」（何事によらず、取り持ち致すべからず　→どんなことでも、介入してはならない）

「聊不レ可ニ違背一者也」（聊か（いささか）違背（いはい）すべからざるものなり　→少しであっても違反することはない）

【間敷・間鋪・間布】（まじ〈く〉）

古文における打消しの助動詞「まじ」を、漢字の「間敷」に宛てたものです。推量の助動詞「可」を打ち消したものになります。否定的な推量で「〜ないだろう」や、否定的な意志で「〜しないつもり」、禁止で「〜してはならない」などと訳します。「仕間敷（つかまつるまじく）」「致間敷（いたすまじく）」のように活用語である動詞の後につきます。「間敷」の後に来る言葉が、「事」「処」のような体言（名詞）の場合は、「致間敷事（いたすまじきこと）」と「まじき」と読みますが、用言（動詞）の「候」が来る場合は「致間敷候（いたすまじくそうろう）」と「まじく」と読みます。

なお、「徒党ヶ間敷」「不埒ヶ間敷」のように「〜ヶ間敷」の場合は、接尾語になります。（↓接尾語「ヶ間敷・ヶ間鋪」p.224）

【文例】

「手過ニ相違御座**有間敷**義与奉レ存候」（手過ちに相違ござ有るまじき義と存じ奉り候　↓過失に間違いないだろうと存じます）

「有来ル直段を以売買いたし、〆買一切**致間敷**候」（有り来る直段をもって売買いたし、〆買い一切致すまじく候　↓通常の値段で売買し、〆買は一切行いません）

「貴殿江少茂御苦労相懸**申間敷**候」（貴殿へ少しも御苦労相懸け申すまじく候　↓貴殿へ少しもご迷惑を掛けません）

「向後御願ヶ間鋪義、決而**仕間鋪**候」（向後お願いがましき義、決して仕るまじく候　↓今後お願いのようなことは、決してしません）

「宗旨猥に替へ**申間鋪**候」（宗旨みだりに替え申すまじく候　↓宗派を勝手に替えてはいけません）

「曾而止宿**致間布**候事」（かつて止宿いたすまじく候事　↓決して宿泊しないこと）

【被】（る・らる）

尊敬・受身を表す助動詞で、現代の「～される」「～られる」などに相当します。直後に活用語である未然形の動詞が来ます。「被レ下（くだされ）」（与えられ）や「被二仰付一（おおせつけられ）」（命じられ）のように下の動詞から返って読みます。また、「被二仰付一（おおせつけられ）」はその主語（上位者）に敬意を表し、「被二　仰付一」と**闕字**（けつじ）を伴うことも多く見られます。活用は下二段活用で、用言（動詞）の「候」が来れば「被レ下候（くだされそうろう）」、体言（名詞）が来るときは、「被レ下所（くださるるところ）」や「被レ下時（くださるるとき）」と活用します。その他、「被二仰出一（おおせいだされ）」、「被二仰上一（おおせあげられ）」、「被二仰渡一（おおせわたされ）」「被二仰聞一被二下置一（おおせきけられくだしおかれ）」、さらに助動詞「可」が付いて、「可レ被二申付一（もうしつけらるべく）」などと用いられます。

【文例】

「此度大老職**被二仰付一**、難レ有仕合奉レ存候」（この度大老職仰せ付けられ、有り難き仕合（しあ）わせに存じ奉り候　→この度大老職を命じられ、ありがたいことと思います）

「以来賃銀五割増**被二下置一**候段、此度**被二仰渡一**候」（以来賃銀五割増し下し置かれ候段、この度仰せ渡され候　→今後は五割増しの賃金を下されるとのこと、この度命じられました）

「古来之金銀之位ニ**被二仰出一**、吹直候」（古来の金銀の位に仰せ出だされ、吹き直し候　→古来の金銀貨と同じ品位に〈するよう〉命じられ、改鋳しました）

「名主・組頭共ニ如何様之曲事ニも**可レ被二仰付一**候」（名主・組頭ともにいかようの曲事（くせごと）にも仰せ付けらるべく候　→名主・組頭ともにどのような処罰もお命じください）

「向後取計可レ申旨**被**二**仰聞**一承知仕候」（向後(こうご)取り計らい申すべき旨(むね)仰せ聞けられ、承知仕り候

↓今後処理するようにおっしゃられ、承知しました）

「此上つかれさる様に、入レ念仕置**可**レ**被**二**申付**一事」（この上つかれざるように、念を入れ仕置(しおき)申し付けらるべき事　↓〈百姓が〉さらに疲弊しないように、注意して処置を命じるように）

(Ⅱ) 助　詞

「**助詞**」は、自立語や自立語を含む連語に付属し、語句の関係を示したり、陳述に一定の意味を加えたり、相手への働きかけにかかわるものなどがあります。現代語では俗に「てにをは」と言われ、ほとんど平仮名で書かれますが、江戸時代の古文書では、「ニ（に）」「江（え）」「者（は）」「茂（も）」など、片仮名や変体仮名（字母漢字）で書かれます。

a. 格助詞

「**格助詞**」は、体言や体言に準ずる語句に付いて、その体言が他の語にどのような関係で続くかを示す助詞です。

【江】（え）

方向や相手を表す格助詞で、現在の「へ」と同様の意味で使います。助詞として使用する場合、実際の古文書では右寄せに少し小さく書かれます。

【文例】

「右之趣御領内江急度可レ被二相触一候」（右の趣御領内へきっと相触れらるべく候　→右の内容を必ず領内へ触れるように）

「此廻状村下江可レ被レ致二印形一候」（この廻状村下（むらした）へ印形いたさるべく候　→この廻状の村名の下へ捺印しなさい）

「民ハ上江遠キ候故ニ疑有レ之もの也」（民は上へ遠き候故に疑いこれあるもの也　→民衆は幕府との間が遠いため〈幕府を〉疑いがちである）

【〆】（して）

［意］～で、～により　（→接続助詞 p.198）

「～として」「～をして」と上の体言などを受け、動作の手段・方法を表わします。平仮名で「して」と書かれる場合もありますが、「〆」と書かれる場合も散見されます。この「〆」は「〆（しめ）」の字とは異なり、二画目が突き抜けないことに注意してください。

【文例】

「軽卒ヲ急飛脚ト〆江戸へ差遣ス」（軽卒を急飛脚として江戸へ差し遣わす　↓軽輩の者を急飛脚として江戸へ派遣しました）

「留守居ヲ〆執政へ届ラル」（留守居をして執政へ届けらる　↓留守居によって老中へ届け出がなされました）

【与】（と）

［意］～と、～とともに

現在の「～と」と同様に、人物や物事の連体関係・連用関係を表す格助詞で、並立の関係を表し、または共同の相手（「～とともに」）や引用を表します。

【文例】

「武兵衛与私儀、実意ニ示談行届キ候ニ付」（武兵衛と私儀、実意に示談行き届き候につき　↓武兵衛と私は、誠実に話し合いがまとまったので）

「偏ニ　御威光与一統ニ難レ有仕合奉レ存候」（偏に　御威光と一統にありがたき仕合せに存じ奉り候　↓もっぱらご威光のお蔭と、全員でとても幸運に思っています）

「名主文右衛門殿与隔年ニ名主役之義も御勤可レ被レ下候」（名主文右衛門殿と隔年に名主役の義も御勤め下さるべく候　↓名主文右衛門殿とともに一年交代で名主役もお勤め下さい）

「株仲間与申事、御差止之御趣意被二仰出一候」（株仲間と申すこと、御差し止めの御趣意仰せ出され候　→株仲間というのは、禁止との意向を命じられました）

【迚／迚茂】（とて／とても）　（→副詞 p.111）

名詞などに付いて、引用する意を表し、「～といって」「～であって」の意味です。また、係助詞「も」が付き、「とて」を強調し、「～といっても」「～であっても」の意を表します。

【文例】

「御改革骨折候**迚**、五十石御加増被レ成候」（御改革骨折り候とて、五十石御加増なされ候　→改革に尽力したといって、五十石加増なされました）

「染賃直段引下ヶ候**迚**、麁略之染方致候ハヽ」（染め賃直段（ねだん）引き下げ候とて、麁略（そりゃく）の染め方いたし候わば　→染め賃の値段を引き下げたからといって、いい加減な染め方をしたならば）

「相洩候村々**迚茂**、及二飢渇一候儀者同様ニ而」（相洩れ候村々とても、飢渇に及び候儀は同様にて　→〈一揆に〉参加しなかった村々であっても、飢渇に陥っているのは同じであり）

「是迄**迚も**、無二油断一吟味仕候得共」（これまでとても、油断なく吟味仕り候らえども　→これまでであっても、怠ることなく調査しましたが）

【尓・于・ニ】（に）

「尓・于」は現代の「に」の意味で使われ、「ニ」とも書かれます。「尓・于」の場合は、「尓レ今（いまに）」「于レ今（いまに）」のように返読します。

【文例】

「御祈願御頼之書面、**尓レ今**所持罷在候」（御祈願御頼みの書面、今に所持罷（まか）り在り候　→祈願を依頼した書面を、今もって所持しています）

「**于レ時**天明八申年」（時に天明八申（さる）の年　→時は天明八申の年）

「**今ニ**守護仕候」（今に守護仕り候　→今も守っています）

【ニ付】（につき）

「ニ付」は「～について」「～に関して」や「～のため」「～なので」という意味になります。

【文例】

「諸入用之儀**ニ付**、村中少も申分無二御座一候」（諸入用の儀につき、村中（むらじゅう）少しも申分（もうしぶん）ござなく候　→諸経費について、村中の者は少しも異論はありません）

「山問答・水問答**ニ付**、互に致二喧嘩一候者あらは、其一郷可レ致二成敗一事」（山問答・水問答につき、互に喧嘩（けんか）致し候者あらば、その一郷成敗（せいばい）致すべきこと　→山論（さんろん）や水論（すいろん）で、互いに喧嘩する者がいたら、その村は処罰する）

「難儀仕候由、名主市左衛門申ニ付」（難儀仕り候よし、名主市左衛門申すにつき　→苦労をしていると、名主市左衛門が言うので）

【ニ而】（にて）

「ニ而」は現代の「で」にあたる語で、場所や人物、手段・方法、原因・理由を示す語が前につきます。

【文例】

「御会所ニ而、町　御奉行様被二仰渡一候通り」（御会所にて、町御奉行様仰せ渡され候とおり　→お役所で、町奉行様がお命じなされたとおり）

「諸役懸り等、貴殿方ニ而御勤メ可レ被レ成候」（諸役懸り等、貴殿方で御勤めなさるべく候　→諸負担などは、あなたの方で担ってください）

「若内証ニ而音物いたし、脇より相知申候ハヽ」（もし内証（ないしょう）にて音物（いんもつ）いたし、脇より相知れ申し候わば　→もし内々に賄賂を渡し、第三者から訴えがあれば）

「出水ニ而田畑皆水腐仕」（出水にて田畑みな水腐（すいふ／みずぐされ）仕り　→洪水で田畑がすべて水に浸かり）

【之】（の）

a．「之」は所有や所属を示す格助詞で、現在と同様に「〜の」という意味で使われます。

【文例】

「帰参**之**御願申上度」（帰参（きさん）の御願い申し上げたく　→帰参のお願いを申し上げたいと思い）

「名主・組頭共ニ、如何様**之**曲事ニも可レ被二仰付一候」（名主・組頭ともに、いかようの曲事にも仰せ付けらるべく候　→名主・組頭ともども、どのような処罰であってもお命じください）

b．「之」の後に名詞が来て、「之条」「之事」「之儀（義）」「之段」「之趣」などの用いられ方があります。

【文例】

「令二免許一**之条**、永久相違無レ之候」（免許せしむるの条、永久相違これなく候　→許可することは、永久に間違いありません）

「如何様**之事**ニ而かん米立申候共」（いかようの事にてかん米立ち申し候とも　→どのような事情で欠米（かんまい）が発生したとしても）

「名主給**之儀**、前々ゟ金三両ニ相極り」（名主給之儀、前々より金三両に相極り　→名主の給金

のことは、以前から金三両に決まっており）

「当人相果、跡式**之義**遺状無レ之」（当人相果て、跡式の義遺状これなく　↓当人が死去し、相続について遺言状がなく）

「町名主平八呼寄、右**之段**申付」（町名主平八呼び寄せ、右の段申し付け　↓町名主平八を呼び寄せ、右のことを命じ）

「右弐ヶ条**之趣**、御受申上候」（右弐ヶ条の趣、御受け申し上げ候　↓右二か条の趣旨について、承知しました）

「先規**之通**、検断役被二仰付一」（先規の通り、検断役仰せ付けられ　↓以前のように、検断役を命じられ）

「吟味**之上**、直段引下ヶ申候」（吟味のうえ、直段引き下げ申し候　↓取り調べたうえで、値段を引き下げました）

「鎌倉執権時頼公御代御建立**之由**、申伝」（鎌倉執権時頼公御代御建立の由、申し伝う　↓鎌倉幕府の執権北条時頼公の時代に建立とのこと、言い伝えています）

「殺生御停止**之旨**、厳敷被二申渡一」（殺生御停止の旨、厳しく申し渡され　↓殺生を禁止するとのことを、厳しく命じられ）

【従・自・ゟ】（より）

「従二江戸一（えどより）」「自二古来一（こらいより）」「村々ゟ」「先年ゟ」などと、場所や時の起点などを示す格助詞で、「〜から」という意味で使われます。また、原因を示したり、比較の基準を表わすこともあります。なお、「ゟ」は見慣れない文字ですが、これは「よ」と「り」の合字で、江戸時代の古文書には頻出します。

【文例】

「**従**二御　公儀様一被二　仰出一候御法度之儀者不レ及レ申」（御公儀（ごこうぎ）様より仰せ出だされ候御法度（ごはっと）の儀は申すに及ばず　↓幕府から命じられたご法度の趣旨は言うまでもなく）

「各様方**ゟ**被二　仰渡一、承知奉レ畏候」（おのおの様方より仰せ渡され、承知畏（かしこ）み奉（たてまつ）り候　↓皆様方から命じられ、承知し恐れ入ります）

「既ニ文助**ゟ**奉二出訴一候ニ付」（すでに文助より出訴奉り候につき　↓とうとう文助から訴え出ましたので）

「**従**二前々一御停止之趣堅相守」（前々より御停止（ちょうじ）の趣堅く相守り　↓以前より禁止の趣旨をしっかり守り）

「**自**二来六月朔日一至レ于二九月朔日一」（来（きた）る六月朔日より九月朔日に至る　↓次の六月一日より九

月一日に至る）

「当丑六月ゟ来ル申六月迄、七ヶ年季之質物ニ入置」（当丑（うし）六月より来る申（さる）六月まで、七ヶ年季の質物（しちもつ）に入れ置き　↓今年丑年の六月から次の申年六月まで、七か年の間質物に入れておき）

「後日ニ他所ゟ御聞被㆑成候者、曲事ニ可㆑被㆓仰付㆒候」（後日に他所より御聞きなされ候わば、曲事（くせごと）に仰せ付けらるべく候　↓後日に他所から〈異論を〉お聞きになったら、処罰をお命じください）

「御巣鷹山、先規ゟ大切ニ相守」（御巣鷹山、先規より大切に相守り　↓御巣鷹山を以前からしっかりと管理し）

「道際ニ有㆑之立木ゟ事起り争論相成」（道際にこれある立木より事起り争論に相なり　↓道際にある立木が原因で事件が起き争論になり）

「日々弊習相募り候ゟ外無㆑之、悲歎之至ニ奉㆑存候」（日々弊習相募り候より外これなく、悲歎の至りに存じ奉り候　↓毎日悪習が広まるばかりで、歎くことこのうえありません）

「二日御逗留被㆑成、夫ゟ大久保村江御越」（二日御逗留なされ、それより大久保村へ御越し　↓二日間〈当村に〉逗留され、そののち大久保村へ向かわれ）

「素ゟ不肖之身、重任被㆓仰付置㆒日夜苦心罷在候」（もとより不肖の身、重任仰せ付け置かれ日夜苦心罷り在り候　↓もともと未熟者であり、重任を命じられて日夜苦心しております）

b. 副助詞

「**副助詞**」は、副詞に似た機能をもつ助詞の意で、用言に関係ある語に付いて、下の用言の意義を限定する助詞です。

【等・抔】（など）

現在の「など」と同様に、他の同類の中から一例を示したり、表現を和らげたりする副助詞です。「等」は多く「ホ」のように書かれます。なお、「我等」「彼等」などの使い方も見られますが、このような場合は「われら」「かれら」と読み、接尾語になります。（↓接尾語「等」p.230）

【文例】

「諸道具**等**迄質物ニ入、上納永高之内少々支度仕候」（諸道具などまで質物に入れ、上納永高（えいだか）のうち少々支度（したく）仕り候　↓諸道具などをも質物に入れ、少しだけ上納銭に充当する準備をしました）

「組合一統御調**等**ニ而、格別之御止宿有レ之候節者」（組合一統御調べなどにて、格別の御止宿これあり候節は　↓組合全体を対象とした調査などで、〈役人の〉特別の宿泊がある時は）

「酒**等**差出候義、決而致間敷事」（酒など差し出し候義、決して致すまじきこと　↓酒などを提供することは、絶対にしてはならない）

「脇差抔を帯候類之盲人多相成候」(脇差などを帯し候類(たぐい)の盲人多く相成り候　→脇差などを差すような盲人が多くなりました)

「其節相直し可レ申抔申レ之」(その節相直し申すべきなどこれを申し　→その際に修正するなどと言い)

【而已・耳】(のみ)

ある物事を限定する用法で、現在の「〜だけ」「〜ばかり」と同じ意味で使われます。「而已(のみ)」の二文字目は「已」という字で、古文の「已然形(いぜんけい)」に使われる「已」です。この字は「己」「巳」とも異なる字で、「已(すで)に」と訓じる言葉であることにも注意してください。

【文例】

「猥ニ批判致候儀者人情ニ相背候而已ならす」(猥(みだ)りに批判致し候儀は人情に相背(あいそむ)き候のみならず　→むやみに批判するのは人情に背くだけではなく)

「町々江神水被二下置一候所、験而已ニ而格別之潤ニ茂不二相成一」(町々へ神水(しんすい)下し置かれ候所、験(しるし)のみにて格別の潤いにも相成らず　→町々へ神水を下付されたが、きざしばかりで十分な雨とはならなかった)

「井水不足候ニも無レ構、手前勝手之宜様ニ而已仕候」(井水不足候にも構いなく、手前勝手の宜

しきようにのみ仕（つかまつ）り候　↓〈他村の〉用水不足にも配慮せず、自分の都合がいいようにだけ水を使いました）

「不承知之返答耳ニ而、段々不埒ニ成行」（不承知の返答のみにて、段々不埒に成り行き　↓承知しないと返答するばかりで、次第に決着が着かなくなっていき）

「其御役所耳ニ而相済候様、宜御取計被レ下度候」（その御役所のみにて相済み候よう、宜しく御取り計らい下されたく候　↓そのお役所だけで解決するよう、宜しくご配慮をいただきたいです）

【計】（ばかり）

先ほどの「而已（のみ）」と同様に、限定や程度を意味する副助詞です。「計」は、くずし方によっては「斗」と全く同じくずしになるため、文意を考えながら、どちらなのか判断する必要があります。

【文例】

「御法事中鳴もの御停止ニ候、尤普請ハ廿日計可ニ相慎一候」（御法事中鳴もの御停止（ごちょうじ）に候、もっとも普請は廿日ばかり相慎むべく候　↓法事中鳴物は禁止する。ただし普請は二十日間ほど自重するように）

「畑作者一毛計に無レ之、品々作付致候」（畑作は一毛ばかりにこれなく、品々作付け致し候　↓畑作は一つの作物だけ作付けするわけではなく、種々のものを作付けいたします）

「末々之者は一通り申渡候**計**ニ而ハ、心ニ留覚候者ハ稀」(末々の者は一通り申し渡し候ばかりにては、心に留め覚え候者は稀(まれ) →下々の者は一度申し渡したのみでは、心に留め記憶するような者はめったにいない)

【迄】(まで)

範囲・限定や程度を意味する副助詞です。また、「是迄(これまで)」「此節迄」「只今迄」のような語彙をもって使用されることが多いです。

【文例】

「当人者不レ及レ申、名主・五人組**迄**何様之曲事ニも可レ被二仰付一候事」(当人は申すに及ばず、名主・五人組までいかようの曲事(くせごと)にも仰せ付けらるべく候こと →当人は勿論、名主・五人組までどのような処罰をも命じられることになる)

「山々草木之根**迄**掘取候故、川筋江土砂流出、水行滞候」(山々草木の根まで掘り取り候故(ゆえ)、川筋へ土砂流れ出し、水行滞り候 →山々の草木の根まで掘り取ったため、川へ土砂が流れ出し、水の流れが滞っています)

「御廻米之儀、前々御代官所之節拙者御請負仕、浅草御蔵**迄**積廻申候」(御廻米(かいまい)の儀、前々御代官所の節拙者御請け負い仕り、浅草御蔵まで積み廻し申し候 →御廻米については、以前代官

支配所であった際に私が請け負って、浅草の米蔵まで廻漕しました）

「当子十二月ゟ来丑十一月迄」（当子の十二月より来る丑の十一月まで　→今年の子の年十二月から来年の丑の年十一月まで）

「女・子（小）童・足弱等迄茂罷出、相応之御賃銭被下置候」（女・小童・足弱などまでも罷り出で、相応の御賃銭を下し置かれ候　→女・小童・足弱の者までもが現場へ出て、相応の賃銭が渡されました）

「書面之人足、明ケ七ッ半時迄ニ、問屋場へ御差出可被成候」（書面の人足、明け七ツ半時までに、問屋場へお差し出し成さるべく候　→書面の人足を、明け七つ半時〈午前五時頃〉までに、問屋場へ差し出すように）

「引請候荷物之儀者、是迄之通ニ相心得」（引き請け候荷物の儀は、これまでの通りに相心得　→引き請けた荷物については、これまでと同様に心得て）

「此節迄取立候五匁ツヽ者、願之通上納可致事」（この節まで取り立て候五匁づつは、願いの通り上納いたすべきこと　→現在まで取り立ててきた五匁ずつは、願いの通り上納すること）

「豆州大嶋之儀、只今迄高力若狭守組向井将監預り候」（豆州大嶋の儀、只今まで高力若狭守組向井将監預り候　→伊豆大島は、今まで高力若狭守組の向井将監が預かってきました）

C. 係助詞

「係助詞」とは、下に係っていく助詞のことで、疑問や強調を意味します。

【歟(欤)】(か)

疑問を表す「〜か、もしくは〜か」という意味で使われる係助詞です。(↓終助詞 p.203)

【文例】

「自レ其以前**歟**、或以後**歟**、可レ為二御随意一」(それより以前か、或いは以後か、御随意たるべし　↓それより以前か、または以後か、どちらでもよい)

「旅人煩候**歟**、或者酒ニ酔不レ弁二前後一躰ニ候ハ、」(旅人煩い候か、或いは酒に酔い前後を弁えざる躰に候わば　↓旅人が病気になるか、もしくは酒に酔って前後不覚の様子であれば)

「若シ相背延着仕候**欤**、亦者彼是与申もの有レ之候ハ、」(もし相背き延着仕り候か、または彼是と申すものこれあり候わば　↓もし〈議定に〉違反し延着するか、または何やかやと言う者があれば)

【者・ハ】(は)

現在の主語の後にくる「は」と同様な意味で使われ、江戸時代の古文書では「は」の変体仮名「者」を用いて表す場合が多く見られます。なお、「者・ハ」は「ば」と読んで接続助詞としても使われます。(↓接続助詞 p.201)

【文例】

「五人組者、家並最寄次第五軒宛組合」(五人組は、家並み最寄り次第五軒宛組み合わせ　↓五人組は、並んでいる家の順に五軒ずつ組み合わせ)

「農間、男者縄綯、女者木綿・機織仕候」(農間、男は縄綯い、女は木綿・機織り仕り候　↓農業の合間に、男は縄を綯い、女は木綿や機織りをしています)

「国々在々御料**ハ**御代官、私領者領主・地頭より入レ念可レ被二申付一候」(国々在々御料は御代官、私領は領主・地頭より念を入れ申し付けらるべく候　↓各地の幕領は代官、私領は大名・旗本から入念に申し付けなさい)

「覚右衛門御訴申上**候**者」(覚右衛門御訴え申し上げ候は　↓覚右衛門がお願い申し上げるには)

「不レ承候与申百姓**於**レ**有**レ**之**者、名主可レ為二越度一候」(承らず候と申す百姓これあるにおいては、名主越度たるべく候　↓聞いていないという百姓がいたならば、名主は処罰を受けることになる)

「当村**之儀**者、麁畑地広ニ御座候」(当村の儀は、麁畑地広にござ候　↓当村については、地味の悪い畑が広がっています)

「右者畢竟役場ヲ蔑ニ致候始末、不届之事ニ候」（右は畢竟役場を蔑ろに致し候始末、不届きのことに候 →右のことは結局のところ役場を軽んじるやり方で、けしからんことである）

「通り者と唱、或者長脇差を帯、目立候衣類を着し」（通り者と唱え、或いは長脇差を帯び、目立ち候衣類を着し →通り者と称して、時に長脇差を差し、〈または〉派手な衣類を着て）

「上田弐反四畝歩、是ハ前々ゟ御年貢御引被レ下候」（上田弐反四畝歩、これは前々より御年貢御引き下され候 →上田二反四畝歩、これは以前から年貢を控除してくださっています）

「区々相成候筋茂有レ之、又ハ不弁利なる仕来も有レ之候」（区々相なり候筋もこれあり、または不弁利なる仕来りもこれあり候 →まちまちになっていることもあり、一方では都合の悪い慣習もあります）

【茂】（も）

現代の「も」と同じ意味で使われ、変体仮名（字母漢字「茂」）で表記されます。一例を提示したり、同類を暗示したりなど、同類の存在を示す係助詞です。また、「少しも～でない」のように「も」の後に、否定を意味する語句が来て、それを強調して使用する場合があります。同様に「二茂～」や「江茂～」のように、以下に続く言葉を強調するような使われ方もあります。

【文例】

「不都合之事茂有レ之候ハヽ、可二相成一丈穏便ニ取扱」（不都合のこともこれ有り候わば、相成るべくだけ穏便に取り扱い　↓不都合なこともあれば、なるべく穏かに処理し）

「離別状茂不二差越一内ニ外の男を於レ持者、髪を剃」（離別状も差し越さざるうちに、外の男を持つにおいては、髪を剃り　↓離縁状を受け取らないうちに他の男と婚姻した者は、〈罰として〉髪を剃り）

「少茂御苦労ニ掛ケ不レ申、急度返納仕候」（少しも御苦労に掛け申さず、急度（きっと）返納仕り候　↓〈あなたへ〉全く面倒をかけず、必ず返済します）

「水帳ニ茂不二書載一新開之場」（水帳（みずちょう）にも書き載せざる新開（しんかい）の場　↓検地帳にも記載がない開発地）

「隣地江茂可二罷越一も可レ有レ之」（隣地へも罷り越すべきもこれあるべし　↓隣地までもやって来ることもあるだろう）

【哉】（や）

疑問を表す係助詞です。（↓終助詞 p.204）

【文例】

「手限ニ而申付、可レ然候哉」（手限（てぎ）りにて申し付け、しかるべく候や　↓自己の権限で処置して、よろしいでしょうか）

「いか様之所存ニ御座候**哉**」（いかようの所存にござ候や　↓どのような考えなのでしょうか）

「外国人市中歩行之節、礫抛候もの有レ之**哉**ニ相聞」（外国人市中歩行の節、礫を抛げ候ものこれ有るやに相聞こえ　↓外国人が市中を歩いている時に、石を投げる者がいるようだとの噂で）

「雖レ然、若南蛮人乗来候儀も可レ有二御座一**哉**と奉レ存」（然りといえども、もし南蛮人乗り来り候儀もござ有るべきやと存じ奉り　↓しかし、南蛮人が渡来することもあるのではないかと思い）

d. 接続助詞

「**接続助詞**」とは、前後の文や文節をつなぐ助詞を言います。接続の用法には仮定条件（～ならば）と確定条件（～なので）があります。

【雖】（いえども）

「～ではあるけれども」「（たとえ）～でも」のように、逆接の確定条件、または仮定条件を表す接続助詞です。語例として、「雖レ然」、「雖レ有レ之」があります。また「雖」の後に「為」が付き、「雖レ為～」（～であったとしても）という使われ方もよく見られます。

【文例】

「通例之借金を奉公人請状ニ認、給金と**雖**二申立一」（通例の借金を奉公人請状に認め、給金と申

し立るといえども ↓通常の借金を奉公人請状に記載し、〈借金を〉給金だと主張しても）

「離縁状雖レ不レ遣、夫方ゟ三年以来不レ致二通路一ハ」（離縁状遣さずといえども、夫方より三年以来通路致さずば ↓離縁状が渡されていなくても、夫から三年以上不通であれば）

「焼失仕候、雖レ然右之段々伝承候」（焼失仕り候。然りといえども右の段々伝え承り候 ↓〈書付は〉焼失しました。しかしながら右の事柄は伝え聞いています）

「親類之好雖レ有レ之、寺院坊舎女人不レ可二抱置一レ之」（親類の好みこれありといえども、寺院・坊舎へ女人これを抱え置くべからず ↓親類として親交があっても、寺院・坊舎へ女人を置いてはいけない）

「縦雖レ為二同類一、其科をゆるし御褒美可レ被レ下レ之」（たとい同類たりといえども、その科をゆるし御褒美これを下さるべし ↓たとえ仲間であったとしても、その罪を許し褒美を与えるだろう）

【〆】（して） ～にして、～ずして （↓格助詞 p. 179）

「～にして」「～ずして」などの形で、並列・順接・逆接など種々の関係にある語句を接続する場合に使われます。平仮名で「して」と書かれる場合が多いのですが、「〆」と書かれる場合も散見されます。「〆」の字とは異なり、二画目が突き抜けないことに注意してください。

【文例】

「米弐石六斗四升、俵ニ〆七表（俵）五升」（米弐石六斗四升、俵にして七俵五升 →米二石六斗四升を、俵に換算すると七俵五升になる）

「読経半ニ〆、熨斗目席以上ノ輩席順ニ拝謁ス」（読経半ばにして、熨斗目（のしめ）席以上の輩（ともがら）席順に拝謁す →読経の途中から、熨斗目席以上の輩は席順に〈殿様に〉拝謁する）

「安キ心ナク〆日夜ヲ送リ」（安き心なくして日夜を送り →落ち着くことのない状態で毎日を送り）

「大庄屋・割本惣代類なく**して**難レ叶処も於レ有レ之者」（大（おお）庄屋・割本惣代の類なくして叶い難き処もこれ有るにおいては →大庄屋・割本惣代のような者がいなくては不都合な場所があるならば）

【乍】（ながら）

名詞や形容詞・動詞の連用形を受けて、「〜にもかかわらず」「〜であるけれども」の意味を表す接続助詞です。出訴や出願の際の書面の表題などで使われる「乍レ恐（おそれながら）」は頻出の語句です。例えば、「乍レ恐以二書付一奉二願上一候（おそれながらかきつけをもってねがいあげたてまつりそうろう）」や、「乍レ恐以二書付一御訴訟奉二申上一候（おそれながらかきつけをもってごそしょうもうしあげたてまつりそうろう）」などは、上位者（領主等）を敬うという近世が身分制社会であることを象徴的に示す文言（もんごん）です。

また「乍レ存（ぞんじながら）」や「乍二心得一（こころえながら）」のように、動作の継続を意味する場合もあります。その他、「乍レ併（しかしながら）」「乍レ然（しかしながら）」という語例もあります。補足ですが、この「乍レ併」は「併」の一文字だけでも「しかし」や「しかしながら」と読みます。この「併」は「併合」などの言葉から、「あわせて」という意味で使われますが、江戸時代の古文書では「しかし」と逆説の意味で使われますので、意味を取るときに注意が必要な言葉です。（↓接続詞「併」「乍併」p.139・140／副詞 p.126）

【文例】

「右之願ニ付、**乍**レ**恐**御下知奉レ窺候」（右の願いにつき、恐れながら御下知窺い奉り候　↓右の願いについて、恐縮ですがご指示を伺います）

「**乍**レ**憚**以二口上書一奉レ願候」（憚りながら口上書をもって願い奉り候　↓恐れ多いことですが口上書によってお願いいたします）

「備有度事ニ候、**乍**レ**去**、前ニも如レ申其備厳重ニ候迚も」（備え有りたきことに候、去りながら、前にも申すごとくその備え厳重に候とても　↓防備を整えたいことである。とはいえ、前にも言ったように防備が厳重であったとしても）

「酒狂之上与者**乍**レ**申**、口論仕候段」（酒狂のうえとは申しながら、口論仕り候段　↓酒を飲み過ぎたとはいえ、言い争いをしたことは）

「**乍**レ**聊**、非常備金之内ゟ手当致し遣候」（聊かながら、非常備金のうちより手当いたし遣わし候　↓わずかではあるが、非常備金のなかから費用を用意して渡します）

「**乍**レ**存**不レ知体仕候義ニ者毛頭無レ之」（存じながら知らざる体仕り候義には毛頭これなし　↓知っ

ていながら知らないようにしたことはまったくありません）

「交易荷物与乍二心得一内証ニ而取扱候もの」（交易荷物と心得ながら、内証（ないしょう）にて取り扱い候もの　↓交易荷物であることを知りながら、内々で取り扱うもの）

「**乍レ然**、近来戎狄之真似を致候不忠・不義之者、上へも下へも通用宜敷」（しかしながら、近来戎狄（きんらいじゅうてき）の真似（まね）を致し候不忠・不義の者、上へも下へも通用宜しく　↓しかし、最近は異人の真似をする不忠・不義の者が、上下に関わらず取り立てられており）

「人数取極無レ之方可レ然哉、**乍レ併**、此儀者役所ニ而者敢而存寄無レ之事」（人数取り決めこれなき方然るべきや、しかしながら、この儀は役所にては敢えて存じ寄りこれなきこと　↓人数の取り決めはしないほうがよいだろうか。けれども、この件は役所では意見はないとのこと）

【者・ハ】（ば）

仮定法的な意味の「もし～ならば」で使用される接続助詞です。この場合、「若～候者」の「候者」は「そうらわば」と読みます。この「候者」は江戸時代の古文書では「候ハヽ」と書かれることも多いです。また、「候得者（そうらえば）」（反対は候得共（そうらえども））は、「～ならば」と仮定法的に使用される場合と、「～だから」「～なので」と確定的に使用される場合があります。（↓係助詞 p.193）

【文例】

「若此儀相違申**候者**、如何様ニ罷成候共少もうらみ無レ之候」（もしこの儀相違申し候わば、いかように罷り成り候とも少しも恨みこれなく候　↓もしこのことに違反したならば、どんなことになろうとも少しも恨んだりしません）

「何ヶと申もの御座**候者**、拙者共何方迄も罷出申わけ可レ仕候」（何かと申す者ござ候わば、拙者ども何方（いずかた）までも罷り出で申しわけ仕（つかまつ）るべく候　↓文句を言う者がいたならば、私たちがどこまでも出掛けて釈明をいたします）

「願相叶申**候ハ**ヽ、別而難レ有可レ奉レ存候」（願い相叶い申し候わば、別して有り難く存じ奉（たてまつ）るべく候　↓願いが叶ったならば、とりわけありがたく思うことだろう）

「不審成もの**有**レ**之者**、其村中早速出合吟味仕、可レ有二注進一候」（不審なる者これあらば、その村中早速出合い吟味仕り、注進あるべく候　↓不審な者がいれば、その村中ですぐに集まって取り調べ、報告しなさい）

「**然者**、公儀之御為不レ宜候事者不レ及レ申」（然（しか）らば、公儀の御為（おため）宜しからず候ことは申すに及ばず　↓そうであれば、幕府の為に良くないことは言うまでもない）

「諸上納物等組合上納仕**候得者**、入用等少ク相懸り百姓勝手ニ罷成候」（諸上納物等組合上納仕り候えば、入用等少なく相懸り百姓勝手に罷り成り候　↓種々の上納物などを組合で〈取り纏（まと）めて〉上納するならば、費用も少なくなり百姓の利益になります）

「世話致シ呉候様達而申レ之候、左**候得**者、双方勝手合ニも可ニ相成一候」(世話致しくれ候よう達てこれを申し候、左候えば、双方勝手合いにも相成るべく候　↓世話をしてくれるよう強く申しました。そうであれば、双方にとって好都合にもなります)

「小高之百性共ニ御座**候得**者、数々御役目難ニ相勤メ一奉レ存候」(小高の百姓どもにござ候えば、数々御役目相勤め難く存じ奉り候　↓持高の少ない百姓たちですので、たくさんのお役目を勤めることは難しいと存じます)

「何方へ参候哉と相尋**候へハ**」(何方へ参り候やと相尋ね候えば　↓どこへ行くのかと尋ねたところ)

「至而山奥ニ有レ之**候へ**者、猪・鹿発向仕」(至って山奥にこれあり候えば、猪・鹿発向仕り　↓とても山奥なので、猪や鹿が出没し)

e. 終助詞

「**終助詞**」とは、文の終わりにあってその文を完結させ、詠嘆・感動・疑問などの意を表します。

【歟(欤)】(か)

文末にあって詠嘆・疑問を示します。(↓係助詞 p.193)

【文例】

「今年迄百八十三年**歟**」（今年まで百八十三年か　↓今年まで一八三年になるのか）

「其所之諸色高直にて迷惑仕候儀有レ之**歟**、可レ被レ承レ之事」（その所の諸色高直（しょしきこうじき）にて迷惑仕り候儀これあるか、これを承（うけたまわ）らるべき事　↓その地の物価が高く〈百姓が〉困っていることがあるか、これを確認すること）

「右御影故**歟**、夫ゟ天気も宜、弥信心相増」（右御影故（ゆえ）か、それより天気も宜しく、いよいよ信心相増し　↓右のおかげであろうか、その時から天気も良く、さらに信仰も増し）

【哉】（かな）

文末にあって感動・詠嘆を示します。（↓係助詞 p.196）

【文例】

「幸成**哉**」（幸いなるかな　↓何と幸いなことか）

「宜**哉**」（宜（むべ）なるかな　↓もっともなことである）

第三章　その他

（Ⅰ）接頭語

「**接頭語**」とは、名詞や動詞の上に付いて、強調や婉曲の意を表したり、語調を整えたりします。

【相】（あい）

接頭語の中で、「相―」という形式が最も多く見られます。「相」自体にはあまり意味がなく、その次に来る動詞に添えて、語調を整え、あるいは意味を強める形で使われます。例えば、「相成（あいなり）」「相渡（あいわたし）」「相達（あいたっし）」「相触（あいふれ）」「相心得（あいこころえ）」などがあります。

【文例】

「取上ニ**相成**候筋之秤者、守随方江可二**相渡**一」（取り上げに相成り候筋の秤（はかり）は、守随（しゅずい）方へ相渡すべし　↓没収になった秤は、〈東国三十三か国秤座の〉守随へ渡すように）

「願書壱通致二判形一**相渡し**申候」（願書壱通判形いたし相渡し申し候　↓願書一通に捺印して渡しました）

「舟数委細書付、川舟奉行江**相達し**」（舟数委細書き付け、川舟奉行へ相達し　↓舟の数を詳しく記録して、川舟奉行へ報告し）

「田畑之町歩幷人数等可レ被二書出一旨、先達而**相触**候」（田畑の町歩ならびに人数等書き出ださ

るべき旨、先だって相触れ候　↓〈諸国村々の〉田畑の面積や人数などを報告するよう、以前触れました）

「自今左様可レ被二**相心得**一候」（自今左様相心得らるべく候　↓今後そのように承知しなさい）

「同役無二底意一申合可二**相勤**一」（同役底意なく申し合わせ相勤むべし　↓役職の同じ者が下心なく相談して勤めを果たします）

「少も**相背**申間敷候」（少しも相背き申すまじく候　↓少しも違反いたしません）

「御代官所**相分り**候ニ付」（御代官所相分り候につき　↓代官支配所が分割されたので）

「右之通**相究**候上者」（右の通り相究め候うえは　↓右の通り決めたからには）

「所々**相尋**候得共、行衛**相知**不レ申候」（所々相尋ね候えども、行衛相知れ申さず候　↓あちこち探しましたが、行方が分かりません）

「急度**相改**申候様申上候上者」（きっと相改め申し候よう申し上げ候うえは　↓かならず改めるように申し上げたからには）

「三人**相頼相詫**申候得共、一円聞済不レ申候」（三人相頼み相詫び申し候えども、一円聞き済まし申さず候　↓三人に〈仲裁を〉頼みお詫びしましたが、まったく聞き入れませんでした）

「御林与百姓薪取山**相続**、境目不明成場所茂御座候」（御林と百姓薪取山相続き、境目不明なる場所もござ候　↓御林と百姓薪取山が連続し、境界が不明な場所もございます）

【打】（うち）

後ろの動詞を強調する接頭語です。語例として、「打続(うちつづく)」「打殺(うちころす)」「打過(うちすぐ)」などがあります。

【文例】

「近年**打続**凶歳ニ而、麦作取入迄貧民難レ凌」（近年打続く凶歳にて、麦作取り入れまで貧民凌ぎがたく　↓近年凶作が続き、麦の取り入れ〈の時期〉まで貧民は生活を凌ぐのが難しい）

「理不尽に**打殺**申間敷候事」（理不尽に打ち殺し申すまじく候こと　↓〈人を〉無体に打ち殺してはいけない）

「年来心掛候得共、不レ得ニ其時一**打過**候」（年来(ねんらい)心掛け候えども、その時を得ず打ち過ぎ候　↓長年気にかけていましたが、機会のないまま時間が経過しました）

「起返候事難レ計、幾年過候而も**打捨置**候」（起(おこ)し返(かえ)し候こと計りがたく、幾年過ぎ候ても打ち捨て置き候　↓〈土地の〉再開発が困難なため、何年経っても放置したままである）

「倶々**打交り**歌舞妓狂言之真似致候」（ともども打ち交じり歌舞妓狂言の真似(まね)致し候　↓一緒に交わって歌舞伎狂言のまねをしました）

「**打寄**相談致シ」（打ち寄り相談致し　↓寄り合って相談し）

「六軒程**打毀**候趣、慥ニ承り申ニ付」（六軒ほど打ち毀(こわ)し候おもむき、慥(たし)かに承(うけたまわ)り候につき　↓

六軒ほど打ち毀したとのことを、確かに聞きましたので）

【押】（おし）

言葉の頭について、後に来る動詞を強調する接頭語です。語例として、「押移（おしうつる）」「押出（おしだす）」「押入（おしいる）」などがあります。

【文例】

「いつとなく奢侈之風俗ニ**押移り**」（いつとなく奢侈（しゃし）の風俗に押し移り→いつの間にか贅沢な風習に変わり）

「先手之もの**押出**、鯨時（波）を作り当村江**押入**候故」（先手（さきて）のもの押し出し、鯨波（げいは）を作り当村へ押し入り候ゆえ→〈一揆の〉先頭集団が繰り出し、鬨（とき）の声を上げて当村へ侵入したので）

「真先ニ旗ヲ**押立**、弐百人程も河原堤ニ**押寄**」（真っ先に旗を押し立て、弐百人ほども河原堤に押し寄せ→先頭に旗を立てて、二百人くらいが河原堤に追ってきて）

【御】（ご・お・おん）

主に名詞の上について、尊敬や丁寧を意味する接頭語です。「御」の有無で意味がかなり変化する言葉です。例えば、「御普請」と「自普請」について、「御普請」は幕府などの領主が行う（費用を支出する）堤防工事ですが、「自普請」は村や地域などが自力で行う堤防工事と、大いに意味が異なります。逆に、「御」があることで、主語がわかりやすくなる便利な文言でもあります。また、「御当家」といえば将軍家のことをいう場合があります。

【文例】

「**御普請所**・自普請（所）共小破之内手入致」（御普請所・自普請（所）とも小破のうち手入れ致し　→御普請所も自普請所も被害が小さいうちに修繕し）

「惣別、目安之事、直ニ差上候義堅**御法度**たり」（惣別、目安のこと、直に差し上げ候義堅く御法度たり　→総じて、訴状について、直接〈幕府へ〉提出することは堅く禁止である）

「以二**御威光**一内済仕、難レ有仕合奉レ存候」（御威光をもって内済仕り、有り難き仕合わせに存じ奉り候　→〈幕府の〉御威光によって〈争論が〉示談になりありがたいことと思います）

「何卒格別之以二**御憐愍**一、右願之通被二仰付一被二下置一候ハ、」（何卒格別の御憐愍をもって、右願いの通り仰せ付けられ下し置かれ候わば　→なにとぞ特別の哀れみによって、右の願いの通りお命じなさって下されるならば）

「格別之以二**御仁恵**一、野木宿助郷**御免除**被二成下一」（格別の御仁恵をもって、野木宿助郷御免除なし下され　→特別の思いやりにて、野木宿の助郷を免除して下され）

「何卒**御慈悲**ヲ以、右願之段被二仰付一被二下置一候ハ、」（何卒御慈悲を以って、右願いの段

仰せ付けられ下し置かれ候わば　↓なにとぞお情けにて、右の願いのことをお命じなさって下されるならば）

「其外**御用**・村用・諸役勤方共、都而**御差図**ニ随ひ」（その他御用・村用・諸役勤め方とも、すべて御差図に随い　↓その他の御用・村用・諸役の勤め方は、すべてご指示に従い）

「万一**御尋**之儀有レ之ハ、無二贔屓・偏頗一有体ニ可二申上一候」（万一御尋の儀これあらば、贔屓・偏頗なく有体に申し上ぐべく候　↓万一尋問があれば、偏りなくありのまま申し上げます）

「**御当家御代々之御**　**朱印**三通、高廿三石四斗余之所致二頂戴一罷在候」（御当家御代々の御朱印三通、高廿三石四斗余の所頂戴いたし罷りあり候　↓徳川家代々が発給した朱印状三通によって、高二十三石四斗余りの地所を〈朱印地として〉頂戴しております）

【差・指】（さし）

「相」と同様に、動詞の前に付いて、語勢を強めて語調を整える接頭語です。「差」と「指」は同様に使われ、意味の違いはありません。

用法で特に多く見られる「差上」「差出」はともに提出するという意味ですが、「差上」の場合は、目下の者が目上の者へ提出する場合に、「差出」の場合は、お互いが同格の場合に使用されます。その他の語例として、「差遣」「差支」「差越」「差添」などがあります。

【文例】

「此度御代官様江一札**差上**申候」（この度御代官様へ一札差し上げ申し候　↓今回御代官様へ証文を提出しました）

「為二後日一御請証文**指上**ケ申所、仍而如レ件」（後日のため御請証文指し上げ申すところ、仍ってくだんのごとし　↓後々のために承諾書を提出しますこと、このとおりです）

「刻限無二相違一御**差出し**可レ被レ下候」（刻限相違なくお差し出し下さるべく候　↓時間を間違えることなく提出してください）

「来月ニ入**被**二**指出**一候趣御坐候」（来月に入り指し出され候趣にござ候　↓来月になったら提出されるとのことでございます）

「最寄之御代官手代**差遣**、地改為レ仕可レ申事」（最寄の御代官手代差し遣（つかわ）し、地改（じあらため）仕らせ申すべきこと　↓近くの代官が手代を派遣し、土地の検査をさせること）

「此書付江戸へ**指遣**候間、可レ被レ得二其意一候」（この書付江戸へ指し遣わし候間、その意を得らるべく候　↓この書付を江戸へ送るので、承知するように）

「違作ニ而夫食ニ**差支**候もの有レ之者」（違作にて夫食に差し支え候ものこれあらば　↓不作で食料に窮する者がいるならば）

「爰元何之**差閊**も無二御座一候」（ここもと何の差し閊（つか）えもござなく候　↓こちらでは何の支障もご

ざいません）

「中山道鴻巣宿江早々**可**レ**被**二**差越**一候」（中山道鴻巣宿へ早々差し越さるべく候　→中山道鴻巣宿へ急いで出向きなさい）

「貰人有レ之節、町役人**差添**願出候得者、願之通申付候」（貰人これある節、町役人差し添え願い出で候えば、願いの通り申し付け候　→〈捨子を〉貰いたい人がいた場合は、町役人が付き従い願い出れば、その通りに命じます）

「地所・建家ニ付**差障**候者無二御座一候」（地所・建家につき差し障り候者ござなく候　→土地や建物について異議のある者はございません）

「片時も**難**レ**被**二**差置**一事ニ相見候」（片時も差し置かれ難きことに相見え候　→少しの時間も放って置けないことに思えます）

「小前一同之示し方ニも**差響**、一村治り方不行届ニ而」（小前一同の示し方にも差し響き、一村治り方不行届きにて　→小前全員の教諭にも影響し、村全体の治安が行き届かず）

「此度**差縺**一条、双方令二融和一候上者」（このたび差し縺れ一条、双方融和せしめ候うえは　→今回のこじれた一件について、双方が打ち解けたからには）

「能々異見**指加**候所、至極承知仕」（よくよく異見指し加え候ところ、至極承知仕り　→十分に意見を加えたところ、まったく了解し

【立】（たち）

動詞に付いてその意味を強めたり、やや改まった感じを表したりします。「立帰（たちかえる）・立返」「立直（たちなおる）」「立入（たちいる）」などがあります。

【文例】

「不斗家出いたし不㆓**立帰**㆒候ニ付」（ふと家出いたし立ち帰らず候につき　→突然家出をして帰って来ないので）

「地味**立直**候歟、畑田成等有㆑之候ハヽ」（地味立ち直り候か、畑田（はたた）成（な）り等これあり候わば　→土質が良くなったか、田に転換した畑などがあるならば）

「切破り候得共**立入**兼、火を付逃去り候」（切り破り候えども立ち入り兼ね、火を付け逃げ去り候　→〈土蔵の壁を〉破壊したが中に入れず、放火して逃げ去りました）

「不斗家出いたし、其儘**立戻**不㆑申候ニ付」（ふと家出いたし、そのまま立ち戻り申さず候につき　→急に家出をして、そのまま戻ってこないので）

【当】（とう）

名詞の上について、その後に年月や時間、場所や人物などを示す名詞が置かれる場合が多く、

「当年」「当月」「当時」などの使い方があります。また「当年」と同じ意味で、「当辰年（とうたつのとし）」（今年の辰年）という表記も見られます。その他、「当時」という言葉は、現在では「その当時は…」などと一昔前のことを表しますが、江戸時代の古文書では「まさにその時」と現在を示す言葉として用いられますので、意味を取るときに注意が必要です。また、「当村」「当人」「当地」のように自分が属するものを表すこともあります。（接頭語的語素）

【文例】

「先達而奉二申上一候通、**当年**より御口米者不レ残為二相納一」（先達（せんだつ）て申し上げ奉（たてまつ）り候通り、当年より御口米（くちまい）は残らず相納めさす　→以前申し上げましたように、今年より口米は全て〈幕府へ〉上納させる）

「**当辰**正月十五日迄ニ可レ済旨証文差上候」（当辰正月十五日までに済ますべき旨（むね）証文差し上げ候　→今年の辰年正月十五日を期限に〈支払いを〉済ませるとの証文を提出しました）

「戎狄御討取之御沙汰下り候へハ、其**当日**ゟ人心一際引立」（戎狄（じゅうてき）御討ち取りの御沙汰下り候えば、其（その）当日より人身一際（ひときわ）引き立ち　→異人討伐の指示が下れば、その日から人心は一層勢いが増して）

「正徳年中大庄屋相止候得共、**当時**差支候儀者無レ之候」（正徳年中大庄屋（おおじょうや）相止（や）め候えども、当時差し支え候儀はこれなく候　→正徳年間に大庄屋を廃止しましたが、現在支障はありません）

「**当節**、王政御一新ニ而殊之外御取込之趣」（当節、王政御一新にてことのほか御取り込みの趣（おもむき）→この時期、王政御一新のため非常にごたごたしているとのこと）

「**当正月**十七日ゟ同十九日朝迄、**当村**江御止宿被レ遊」（当正月十七日より同十九日朝まで、当村へ御止宿（ししゃく）あそばされ →今の正月十五日から同十九日朝まで、この村へ宿泊されて）

「**当御役場**へ持参いたし候上ハ」（当御役場へ持参いたし候うえは →この役場へ〈書付を〉持参したからには）

「**当人**相果借金有レ之、借金方江家財分散可レ致古例」（当人相果て借金これあり、借し（か）金方へ家財分散致すべく古例 →本人が死亡し借金がある時、金を貸した者がその財産処分の分配を受けるのが古例）

「今度、**当殿様**以二御威光ヲ一」（今度、当殿様御威光をもって →今回、今の殿様のご威光によって）

【取】（とり）

後に動詞が来て、語勢を強める接頭語になります。使用例としては、「取計（とりはからう）」「取極（とりきむ）（取究）」「取調（とりしらぶ）」「取続（とりつづく）」などがあります。ただし「取上（とりあぐ）」「取縋（とりすがる）」「取曖（とりあつかう）」などの「取」は接頭語ではありません。

【文例】

「御役所にて**取計**候得者、触ニ者不レ及候」（御役所にて取り計らい候えば、触には及ばず候 ↓役所で配慮すれば、触を出す必要はない）

「組合一同立会之上**取極**候間、急度相守可レ申候」（組合一同立ち会いのうえ取り極め候あいだ、きっと相守り申すべく候 ↓組合一同が立ち会いの上で決定したので、必ず守ります）

「一同相談之上議定**取究**候処、相違無レ之候」（一同相談のうえ議定取り究め候ところ、相違これなく候 ↓全員で相談して取り決めを定めたことに、間違いありません）

「彼是**取調**、利害申達候儀ニ付」（彼是取り調べ、利害申し達し候儀につき ↓あれこれ調査し、説諭を通達したことについて）

「当日**取続**兼、当惑仕居候もの多」（当日取り続き兼ね、当惑仕り候もの多く ↓その日〈の生活〉を維持できなく、困っている者が多く）

「**取繕**ケ間敷儀、決而仕間敷候」（取り繕いがましき儀、決して仕るまじく候 ↓その場しのぎのようなことは、絶対にしてはいけない）

「御普請被ニ仰付一候ニ付、早々**取懸り**」（御普請仰せ付けられ候につき、早々取り懸り ↓御普請を命じられたので、早速〈工事に〉着手し）

「**取急**候儀ニ付、寺号之下江下ケ札ニ刻付致し、早々順達」（取り急ぎ候儀につき、寺号の下へ下げ札に刻付けいたし、早々順達 ↓急ぐことなので、〈廻状の〉寺号の下に下げ札を付け時刻

を記し、速やかに廻し）

【不】（ふ・ぶ）

名詞または形容動詞の語幹に付いて、それを打ち消し、否定する意を表します。「不都合（ふつごう）」「不吟味（ぎんみ）」「不取締（ふとりしまり）」「不調法（ぶちょうほう）」などがあります。（↓助動詞 p.170／接頭語「無」p.220）

【文例】

「向後**不都合**之筋無ㇾ之様可二取計一候」（向後不都合の筋これなきよう取り計らうべく候　↓今後具合の悪いことがないように処置しなさい）

「若**不吟味**之儀有ㇾ之ハ可二申出一」（もし不吟味（ふぎんみ）の儀これあらば申し出づべし　↓もし吟味が不十分なことがあれば申し出なさい）

「**不取締**之義無ㇾ之様出情見廻り可ㇾ申旨被二仰渡一」（不取締りの義これなきよう出情（しゅっせい）見廻り申すべき旨仰せ渡され　↓取り締まりの悪いことがないように精を出して見廻ることを命じられ）

「**不慎**之義も有ㇾ之、此度厳重御咎可ㇾ被二申付一」（不慎みの義もこれあり、この度厳重お咎め申し付けらるべし　↓控え目でないこともあり、この度は重罰を命じられるだろう）

「平日心付方**不行届**一同不埒ニ付、名主急度御叱り、組頭共ハ御叱り被置候」（平日心付け方不行届き一同不埒につき、名主急度御叱り、組頭どもは御叱り置かれ候　↓日頃注意が行き届か

ず全員不埒なので、名主は急度お叱り、組頭たちはお叱りに処されました）

「**不始末**之段、重々奉恐入候間」（不始末の段、重々恐れ入れ奉り候あいだ　↓迷惑な行為のことは、十分に恐縮していますので）

「私儀、**不調法**者ニ御座候処」（私儀、不調法者にござ候ところ　↓私は、物事を弁えない者でございますが）

「間々**不作法**之義有之候ニ付」（間々不作法の義これあり候につき　↓時々作法を弁えないことがあるので）

「我等甚**不案内**故、篤与取調」（我等甚だ不案内ゆえ、篤と取り調べ　↓私はとても事情に疎いので、よく調査して）

【罷】（まかり）

「罷る」自体の意味は、出る・行くなどの動詞ですが、江戸時代の古文書では、他の動詞の頭につき接頭語として使用する場合が多く見られます。例えば「罷出」「罷帰」など、軽い謙譲を表します。その他の語例として、「罷在（有）」「罷越」「罷成」などがあります。

【文例】

「他所江**罷出**、一宿ニ而も可仕節者」（他所へ罷り出で、一宿にても仕るべき節は　↓よそへ出か

けて、一泊でも宿泊する場合は）

「御取上ヶ不レ被レ遊、**罷帰り**」（お取り上げ遊ばされず、罷り帰り ↓〈江戸へ出訴したが〉取り上げていただけず、〈村に〉帰り）

「去月中厳重之御触も御座候段、承知仕**罷在**候所」（去月中厳重の御触もござ候段、承知仕り罷り在り候所 ↓先月に厳しい御触もあったことは、承知していましたが）

「去正月中ゟ今以相煩**罷有**候得者」（去る正月中より今もって相煩（わずら）い罷り有り候えば ↓以前の正月から未だに病気でありますが）

「当月七日、江戸表江**罷越**」（当月七日、江戸表へ罷り越し ↓今月七日に、江戸へ行き）

「当戌御年貢米・諸役銀上納不二**罷成**一候ニ付」（当戌御年貢米・諸役銀上納罷り成らず候につき ↓今年の年貢米や諸役銀の上納が出来ないため）

「差支ニ茂可二**罷成**一哉与奉レ存候間」（差し支えにも罷り成るべきやと存じ奉り候あいだ ↓妨げにもなるのではないかと思いますので）

【無】（む・ぶ）

名詞の頭に付けて、そのものが存在しないことや、その状態がないことを示す接頭語です。語例としては、「無用」「無益」「無高（むだか）」（高（たか）＝土地を持たない）「無宿（むしゅく）」（人別帳に記載がない＝住所不定）

「無調法（ぶちょうほう）」などがあります。（↓形容詞・形容動詞「無―」p. 61／接頭語「不」p. 218）

【文例】

「**無用**之人寄、昼夜とも二仕間敷候」（無用の人寄せ、昼夜ともに仕るまじく候　↓必要のない人集めは、昼でも夜でもしてはいけない）

「**無益**之費を省、農業を励み」（無益の費えを省き、農業を励み　↓無駄な出費を減らし、農業に精を出し）

「家内落合宜農業出精致、**無高**之処高持ニ相成」（家内落ち合い宜しく農業出精（しゅっせい）致し、無高のところ高持ちに相成り　↓家族がまとまって農業に精を入れ、無高から土地持ちになり）

「**無宿・無頼**之もの在者、見掛ケ次第召捕候」（無宿・無頼（ぶらい）のものあらば、見掛け次第召し捕り候　↓無宿者や無頼者がいたならば見つけ次第に捕えます）

「拙者儀**無算**ニ御座候ニ付、同村源之丞ヲ頼御年貢勘定仕候」（拙者儀無算（むさん）にござ候につき、同村源之丞を頼み御年貢勘定仕り候　↓私は算用ができないので、同じ村の源之丞を頼んで年貢の計算をしました）

「右**無調法**御用捨可レ被レ下候」（右無調法御用捨下さるべく候　↓右の不始末をお許し下さい）

「物而**無礼・無作法**無レ之様、屹度可二申付一事」（惣じて無礼（ぶれい）・無作法（ぶさほう）これなきよう、きっと申し付くべきこと　↓すべてにわたり失礼や不躾（ぶしつけ）なことがないよう、きびしく命じること）

「御年貢年々ニ御**無沙汰仕**」（御年貢年々に御無沙汰仕り　↓年貢〈の納入〉を毎年おろそかにし）

（Ⅱ）接尾語

「**接尾語**」とは、接頭語と同じく単独では用いられず、常に他の語の下について、その語とともに一語となるものです。

【旁・旁々】（かたがた）

「〜を兼ねて」「〜がてら」「〜のついでに」といった意味の表現で、書状などに用いられます。謝意の表明と他の事項が並存していることを示す表現です。（↓副詞 p. 91）

【文例】

「御礼**旁**申入候」（御礼かたがた申し入れ候　↓お礼のついでにお知らせします）

「年始御祝詞**旁**、如レ斯御座候」（年始御祝詞かたがた、斯くの如くにござ候　↓年始のご挨拶がてら、このようなことでございます）

【難】（かたし〈がたし〉）

動詞の連用形に付いて、「〜しがたい」「〜するのがむずかしい」の意で、「難レ有（ありがたし）」「難レ成（なりがたし）」などがあります。

【文例】

「極月廿日帰村被ニ仰付一、偏ニ御威光与**難レ有**仕合奉レ存候」（極月（ごくげつ）廿日帰村仰せ付けられ、ひとえに御威光（ごいこう）と有り難き仕合わせに存じ奉り候　→十二月二十日帰村を命じられ、もっぱらご威光とありがたき幸せに存じます）

「御蔵御上納**難レ成**悪米ニ御座候」（御蔵御上納成り難き悪米にござ候　→御蔵へ上納することも難しいほどの悪米です）

「如何様之儀仕出シ可レ申茂**難レ計**奉レ存候」（いかようの儀仕出（しだ）し申すべきも計り難く存じ奉り候　→どのようなことを仕出（しで）かすかも予想がつかなく思います）

「申訳**難レ立**義御座候故」（申し訳立ち難き義ござ候ゆえ　→釈明が成り立たないことがございますので）

【勝】（がち）

名詞などに付いて、現代の「病気がち」のように、それに傾いている様を示す接尾語です。漢字の「勝」を宛てて表します。田が多いという意味で「田勝（たがち）」や、同様に畑が多い「畑勝（はたがち）」という語例もあります。

【文例】

「兎角**未進勝**ニ相成候」（兎角未進勝ちに相成り候　↓ともすれば年貢の未納が多くなります）

「昨今**雨天勝**ニ而、右切所ゟ水押入」（昨今雨天勝ちにて、右切所より水押し入り　↓最近雨天が多くて、右の破堤箇所から水が流入し）

「毎年**不足勝**ニ而、就中渇水之節者一切用水相掛不レ申」（毎年不足勝ちにて、就中渇水の節は一切水相掛り申さず　↓毎年〈用水が〉不足気味で、とりわけ渇水の際には全く水が掛からず）

「助郷難渋仕、御**差支勝**ニ御座候」（助郷難渋仕り、御差し支え勝ちにござ候　↓助郷の負担を渋り、〈継立に〉差し支えるようになりました）

「近来**奢り勝**ニ相成、分限不相応之着類相用候者多く相成候」（近来奢り勝ちに相成り、分限不相応の着類相用い候者多く相成り候　↓最近贅沢気味になり、身のほど知らずの衣服を着用する者が多くなりました）

【ヶ間敷・ヶ間鋪】（がましく）

動詞の連体形や体言などについて、「〜らしい」や「〜のような」とその状態や物に似ている意味を表す言葉です。江戸時代の古文書の中では、「徒党ヶ間敷」のように「〜がましく」と読み、その語の前には、実行してはいけない否定的な語が来ることが多いです。文例に挙げた他にも「人集ヶ間敷」「取繕ヶ間敷」「出入ヶ間敷」「ねだりヶ間敷」「遊興ヶ間敷」「無心ヶ間敷」「振舞ヶ間敷」「無礼ヶ間敷」「権威ヶ間敷」など、多くの語例があります。（↓助動詞「間敷」p.175）

【文例】

「不レ依二何事一**徒党ヶ間敷**儀仕間敷候」（何事によらず徒党がましき儀仕（つかまつ）るまじく候　↓何があっても徒党のようなことをしてはいけない）

「其許へ決而**難題ヶ間敷**儀被二仰出一候儀無レ之候」（その許（もと）へ決して難題がましき儀仰せ出（い）だされ候儀これなく候　↓あなたに決して難しそうな事柄を持ちかけるようなことはありません）

「不レ依二何事ニ一**猥りヶ間敷**義無二御座一候」（何事によらず猥（みだ）りがましき義ござなく候　↓どんなことでも自由勝手なことはございません）

「百姓農業を励、**奢ヶ間敷**事不レ致様平日申付候」（百姓農業を励み、奢（おご）りがましきこと致さざるよう平日申し付け候　↓百姓は農業に励み、贅沢なことはしないよう普段から命じております）

「有合候物ヲ以相賄、**馳走ヶ間敷**事一切仕間敷」（有り合せ候物をもって相賄い、馳走がましきこと一切仕るまじく　↓〈役人へは〉その場所にある物で接待し、贅沢なもてなしはしないように）

「**我拶ヶ間敷**儀一切致間敷候」（我拶（がさつ）がましき儀一切（いっさい）致すまじく候　↓荒っぽいことは決して致しません）

「右御普請所ニ付、聊**故障ヶ間敷**義毛頭無二御座一」（右御普請所につき、聊か故障がましき義毛頭ござなく　↓右の御普請所について、少しでも異議めいたことは全くございません）

「**難渋ヶ間敷**儀申立、少も差障申間敷候」（難渋がましき儀申し立て、少しも差し障り申すまじく候　↓生活が苦しいようなことを主張し、いささかも異議を申しません）

「右一件ニ付、重而**御願ヶ間鋪**儀毛頭無二御座一候」（右一件につき、重ねてお願いがましき儀毛頭ござなく候　↓右の一件について、さらにお願いするようなことは一切ございません）

「其節相互ニ**恨ミヶ間鋪**義無レ之筈、村中一同取極メ置申候」（その節相互に恨みがましき義これなきはず、村中一同取り極め置き申し候　↓その時お互いに恨むようなことはないことを、村全体で取り決めて置きました）

【儀・義】（ぎ）

自分や自分の側を示す名詞について「～のこと」「～について」の意味を表す語です。通常は「～之儀」として「之」を付ける場合が多いのですが、「之」を付けず「私儀（義）」「此儀（義）」や「其儀（義）」などがあります。上に付く語が動詞の場合は「～候儀（義）」となります。

【文例】

「**私儀**、平日家業不情ニ付而、其上大酒仕」（私儀、平日家業不情について、その上大酒仕り

↓私は、平日より家業に励まず、その上大酒飲みで）

「能覚罷在候抔と相答候得共、**此儀**全偽御座候」（よく覚え罷り在り候抔（など）と相答え候得ども、この儀全く偽りにござ候　↓よく覚えているなどと返答しましたが、このことはすべて偽りでございます）

「御尋之旨有レ之時ハ答申所、**其義**不二相分一事も有レ之」（御尋ねの旨これある時は答え申すところ、その義相分らざることもこれあり　↓尋問があった時は答えるが、そのことが判明しない場合もある）

「此源蔵**儀**、慥成者ニ御座候ニ付」（この源蔵儀、慥（たし）かなる者にござ候につき　↓この源蔵は、〈身元の〉確かな者でございますので）

「宗旨**之儀**者代々禅宗ニて御座候」（宗旨の儀は代々禅宗にてござ候　↓〈属している〉宗派は代々禅宗でございます）

「当村**之儀**連々困窮及、潰百姓数多出来」（当村の儀連々困窮に及び、潰（つぶれ）百姓数多（あまた）出来（しゅったい）　↓この村では引き続き貧困が重なり、潰百姓がたくさん発生し）

「金子借用仕**候儀**、決而無二御座一候」（金子（きんす）借用仕り候儀、決してござなく候　↓金子を借用したことは、絶対にありません）

「役人替り**候義**も可レ有レ之候条」（役人替り候義もこれあるべく候条　↓役人が交替することもあ

るだろうから）

【宛・充】（ずつ）

数量や程度を表わす体言などに付く語です。現代語は「三個ずつ」のように「ずつ」と書かれますが、古語は「づつ」であり、江戸時代の古文書では仮名で「つ、」「ツ、」（ともに「づつ」と読む）とも書かれます。

【文例】

「右両人半月**宛**当番相勤候」（右両人半月宛当番相勤め候　↓右の両人が半月ごとに当番を勤めます）

「関東方口米者、納三斗七升入壱俵ニ付壱升**宛**」（関東方口米は、納三斗七升入り壱俵につき壱升宛　↓関東地域の口米（くちまい）は、納める〈俵〉三斗七升入一俵に対して一升ずつ）

「道法六里余之所少々**宛**セおひ出シ、市人に相払」（道法（みちのり）六里余のところ少々ずつ背負い出し、市人に相払い　↓道程六里余りのところを少しずつ背負って運び、市場の商人に売り払い）

「両寺へ百疋**充**ヲ賜ル」（両寺へ百疋充を賜る　↓二つの寺院へ百疋ずつ下さった）

【度】（たし）

動詞の後に付いて、「〜したい」と意志や希望を意味する語です。もっともよく使われるのは、

「仕度」でこの語は「つかまつりたく」と読みます。同じ語句で準備を意味する「したく」と読むこともありますので、どちらで読むのが適切か考える必要があります。その他に、「申度」「申上度」などがあります。

【文例】

「此節持病ニ而難儀仕候ニ付、退役**仕度**奉二願上一候」（この節持病にて難儀仕り候につき、退役仕りたく願い上げ奉り候　→近頃持病のため苦労しているので、〈名主役を〉退きたいとお願い致します）

「御用相勤**申度**旨申候ニ付」（御用相勤め申したき旨申し候につき　→御用を勤めたいと言うので）

「御願**奉**二**申上**一**度**奉レ存候」（お願い申し上げ奉りたく存じ奉り候　→お願い申し上げたく存じます）

「病気重り人参**相用度**段申出候時ハ、右人参相渡候」（病気重り人参相用いたき段申し出で候時は、右人参相渡し候　→病気が重く朝鮮人参を使いたいと申し出た場合は、右の人参を渡します）

「早速申上ケ、御下知を**奉**レ**窺度**奉レ存候」（早速申し上げ、御下知を窺い奉りたく存じ奉り候　→すぐに申し上げ、指示をお伺いしたいと思います）

「村役人共より**奉**二**出願**一**度**心得にて、一同談判もいたし候へ共」（村役人どもより出願奉りたき心得にて、一同談判もいたし候えども　→村役人たちから出願したいとの覚悟をもって、皆で話し合いもしましたが）

「世話仕候様被㆓仰付㆒**被**㆓**下置**㆒**度**奉㆓願上㆒候」（世話仕り候よう仰せ付けられ下し置かれたく願い上げ奉り候　↓世話をするようにお命じくだされたくお願いいたします）

【等】（ら）

主として人を表す名詞や代名詞に付いて、「〜たち」などと複数であることを表します。（↓副助詞「等・抔」p.188）

【文例】

「彼**等**ニ不利有㆑之時ハ」（彼らに不利これある時は　↓彼らに不利なことがある時には）

「我**等**両人致㆓月番ニ㆒」（我ら両人月番にいたし　↓私たち二人を毎月交替勤務とし）

「是**等**をは奉行たる人篤と了簡して」（これらをば、奉行たる人篤（とく）と了簡（りょうけん）して　↓これらのことを奉行を務める者はしっかり思案して）

(Ⅲ) 連　語

二つ以上の単語が結合し一つの単語に似た働きをする語彙を「**連語**」と言います。例えば、「として」は、格助詞「と」、助動詞「し」、接続助詞「て」の三語が結合した連語です。

【於】（おいて）　［意］～で、～にあって／～ならば（仮定）／～に関しては

体言の前にきて、「に」を補い「～において」と読みます。「於二奉行所一」「於二掠ニ一」のように、場所・行為などを表す語が後に来ます。また、「於レ有レ之者」「於レ致二～一者」のように、「～の場合は」「～したならば」という使い方がよく見られます。

【文例】

「**於**二奉行所一対決之上可二申付一事」（奉行所において対決の上申し付くべきこと　↓奉行所にて審理の上で申し渡す）

「**於**二何方一相煩、相果申候共」（何方において相煩い、相果て申し候とも　↓どこかで病気になり、死亡したとしても）

「小百姓を**於**二**掠ニ**一ハ、可二申出一」（小百姓を掠むるにおいては、申し出づべし　↓小百姓を欺くことがあれば、申し出なさい）

「若違犯之者**於**レ**有**レ**之**者、可レ為二越度一もの也」（もし違犯の者これあるにおいては、越度たるべきものなり　↓もし違反の者がいたら、有罪とする）

「双方共証拠**於**レ**無**レ**之**者、論所之中央可レ為レ境」（双方とも証拠これなきにおいては、論所の中央境たるべし　↓〈原告・被告〉双方ともに証拠がない場合は、係争地の中央を境界とする）

「浪人之由偽、**於**レ**致**二**帯刀**一ハ追放」（浪人の由偽り、帯刀致すにおいては追放　↓浪人と偽って、帯刀したならば追放）

「**若於**二**不参**一者、本人者勿論名主・年寄共可レ為二曲事一候」（もし不参においては、本人はもちろん名主・年寄とも曲事たるべく候　↓もし出頭しなかったならば、本人は当然のこと名主や年寄をも処罰する）

「**若於**二**違背**一者、可レ為二曲事一もの也」（もし違背においては、曲事たるべきもの也　↓もし違反したならば、罪科とする）

「**於**レ**然**者、其地頭之可レ為二不念一者也」（然るにおいては、その地頭の不念たるべきもの也　↓そうであるからには、その地頭の過失である）

「**於**二**此金子**一ハ、毎年無レ滞急度相済可レ申候」（この金子においては、毎年滞りなくきっと相済まし申すべく候　↓この金額については、毎年滞りなく必ず返済します）

【為】（として）　［意］～の資格で、～の立場で　（↓動詞p.22／形式名詞p.80／助動詞p.168）

「**為**二**褒美**一銀子拾枚為レ取候」（褒美として銀子拾枚取らせ候　↓褒美として銀子十枚を与える）

「日用賃相背申浜之大工ハ、**為**二**過怠**与一手錠可二申付一事」（日用賃相背き申す浜の大工は、過怠として手錠申し付くべきこと　↓日用賃の決まりに違反した浜の大工は、罰として手錠を命じる）

「不埒之儀ニ付、宿内**為**二**御取締と**一売女引払可レ被レ成」（不埒の儀につき、宿内御取り締りとして売女（ばいた）引き払い成さるべし　↓不法なので、宿内の取り締まりとして売女を引き払いなさい）

【就】（につき）　［意］～なので、～のため、それについて

「**就**レ**夫**、村々江御相談仕候ハヽ、」（それにつき、村々え御相談仕り候わば　↓それなので、村々に相談しましたら）

「**就**レ**其**、一昨日ゟ禰宜中へ触申候」（それにつき、一昨日より禰宜（ねぎ）中へ触れ申し候　↓それについて、一昨日から祢宜の方々に触れ出しています）

【以】（をもって）　［意］～によって、～で（手段・方法／原因・理由）

「乍レ恐**以**二**書付ヲ**一奉二願上一候」（恐れながら書付をもって願い上げ奉り候　↓恐縮ですが書付によって願い上げます）

「**以**二**御書付**一被二仰渡一候」（御書付をもって仰せ渡され候　↓お書付によって命じられました）

「**以**二**刻付**一早々継立、相届可レ被レ申候」（刻付けをもって早々継ぎ立て、相届け申さるべく候　↓時刻を記入して直ぐに継ぎ送り、届けてください）

「何分**御慈悲を以**御聞済被二下置一候様」（何分御慈悲をもって御聞き済まし下し置かれ候よう

↓どうかお情けによってご承知下されますよう）

「一村之**勝手ヲ以**、御趣意ニ振候取計致し候ハヽ」（一村の勝手をもって、御趣意に振れ候取り計らい致し候わば　↓一つの村の我儘（わがまま）で、お考えに抵触する取り計らいをしたならば）

(Ⅳ) 感動詞

「**感動詞**」は、一般に文のはじめにあって、感心したり驚いたりする意を表します。

【扨々・偖々】（さてさて）　[意] 感心したり驚いたりした際に発する。

「**扨々**、迷惑千万ニ候」（さてさて、迷惑千万に候　↓なんと迷惑この上ない）

「**扨々**、驚入候次第ニ而」（さてさて、驚き入り候しだいにて　↓とても驚いた次第で）

「**偖々**、御頼敷次第、不レ得ニ申上一候」（さてさて、御頼もしき次第、申し上ぐるを得ず候　↓本当に頼もしい様子、申し上げることもありません）

近世史を学ぶための 古文書「候文（そうろうぶん）」入門

2023年3月3日　第1刷発行
2024年5月20日　第3刷発行

監　修　佐藤孝之
著　者　佐藤孝之・宮原一郎・天野清文
発行者　天野清文
発行所　天野出版工房
〒411-0907 静岡県駿東郡清水町伏見405-12
電話・FAX 055-919-5588
http: //www.amano-books.com/

発売所　株式会社 吉川弘文館
〒113-0033 東京都文京区本郷7丁目2番8号
電話 03-3813-9151
http://www.yoshikawa-k.co.jp/

印　刷　株式会社 ティーケー出版印刷
製　本　協栄製本株式会社
装　釘　篠塚明夫

ISBN978-4-642-08433-8

【著　者】

佐藤 孝之　さとう たかゆき

1954年生まれ。國學院大學文学部史学科卒業。國學院大學大学院文学研究科日本史学専攻博士課程（後期）満期退学。

現在、東京大学名誉教授、博士（歴史学）。

〔主な著書〕『新編古文書解読事典』（共著，柏書房、1993年)、『駆込寺と村社会』（吉川弘文館、2006年)、『よくわかる古文書教室―江戸の暮らしとなりわい』（共著、天野出版工房、2008年)、『近世山村地域史の研究』（吉川弘文館、2013年)、『近世駆込寺と紛争解決』（吉川弘文館、2019年)、『近世・近現代文書の保存・管理の歴史』（共編、勉誠出版、2019年）

宮原 一郎　みやはら いちろう

1969年生まれ。創価大学文学部人文学科卒業。國學院大學大学院文学研究科日本史学専攻博士課程（後期）満期退学。

現在、川越市教育委員会。

〔主な論文〕「一七世紀における幕府裁許と立会絵図」（臼井佐知子・岡崎敦・渡辺浩一他編『契約と紛争の比較史料学』、吉川弘文館、2016年)、「近世前期の村社会における争論と文書作成」（『さいたま市アーカイブズセンター紀要』第3号、2019年)、「近世における新河岸川舟運と番船出入」（『川越市立博物館紀要』第1号、2019年）

天野 清文　あまの きよふみ

1953年生まれ。立教大学文学部史学科卒業。

現在、天野出版工房代表、編集者。

〔主な著書〕『基礎　古文書のよみかた』（林英夫監修、柏書房、1998年)、『おさらい　古文書の基礎』（林英夫監修、柏書房、2002年)、『はじめての古文書教室』（林英夫監修、天野出版工房、2005年)、『ステップアップ 古文書の読み解き方』（共著、天野出版工房、2006年)、『新版　古文書用語辞典』（共著、新人物往来社、2012年）

見出し索引

1）本文見出しに掲出された用字･用語の読み方を五十音順に配列した。
2）検索の便宜を図るため、見出しの用字･用語の一般的な音･訓も補足して示した。ただし、見出し漢字が2字以上の場合は頭字のみとした。
3）表記は原則常用漢字とし、読み仮名は文語の旧仮名遣いを現代仮名違いに直した。（たまふ → たまう）
4）太字は見出し漢字の読み方、細字は補足した一般的な読み方を示す。
5）数字は掲載ページを示す。

あ 行

か 行

さ　行

た　行

な　行

は　行

ま　行